GOLDMANN
Lesen erleben

Buch

Tag für Tag umgeben uns die verschiedensten Farben, die alle ihre ganz eigene Wirkung entfalten. Man denke nur an die fast magische Strahlkraft von tiefem Lapislazuli oder die kompromisslose Direktheit von klarem Rot, das sich ungefragt und dominant in den Vordergrund drängt. Doch was genau macht das Wesen der einzelnen Farben aus, wie lässt sich ihr Charakter bestimmen? In diesem einmaligen Buch bringt Ihnen Isabelle Wolf die Sprache der Farben näher und lehrt Sie nicht nur, sie zu verstehen, sondern auch gekonnt einzusetzen. Durch diesen »Sprachkurs« entwickeln Sie so ein Gespür für die verschiedenen Nuancen und erkennen, dass Rot nicht gleich Rot ist. Hat man einmal die Qualität einer Farbe erfasst, kann man sie auch durch entsprechende Materialien und Formen wiedergeben. Abgerundet wird diese Einführung in die Sprache der Farben schließlich durch ein übersichtliches Wörterbuch, mit dessen Hilfe Sie die wichtigsten Farbtöne leicht übersetzen und gekonnt anwenden können.

Autorin

Isabelle Wolf, geboren 1979, studierte Publizistik, Germanistik, Filmwissenschaft und Kunstgeschichte. Sie ist als Verlagslektorin tätig, schreibt für ein Internet-Magazin und erstellt Farb- und Einrichtungskonzepte für Privatwohnungen.

Isabelle Wolf

Was Farben sagen

Die Sprache der Farben
verstehen und gekonnt einsetzen
in Einrichtung und Mode

GOLDMANN

Alle Ratschläge in diesem Buch wurden von der Autorin und vom Verlag sorgfältig erwogen und geprüft. Eine Garantie kann dennoch nicht übernommen werden. Eine Haftung der Autorin beziehungsweise des Verlags und seiner Beauftragten für Personen-, Sach- und Vermögensschäden ist daher ausgeschlossen.

FSC www.fsc.org
MIX
Papier aus verantwortungsvollen Quellen
FSC® C014496

Verlagsgruppe Random House FSC-DEU-0100
Das für dieses Buch verwendete FSC®-zertifizierte Papier *Classic 95*
liefert Stora Enso, Finnland.

1. Auflage
Originalausgabe August 2011
Wilhelm Goldmann Verlag, München,
in der Verlagsgruppe Random House GmbH

Umschlaggestaltung: Uno Werbeagentur, München
Umschlagmotiv: © Fine Pic®, München
Redaktion: Dunja Reulein
Satz: Buch-Werkstatt GmbH, Bad Aibling
Druck und Bindung: GGP Media GmbH, Pößneck
KW · Herstellung: IH
Printed in Germany
ISBN 978-3-442-17231-3

www.goldmann-verlag.de

Inhalt

Für Marek.
Für Estima.

Einführung

Zum Leben braucht der Mensch die Farbe.
Sie ist ein ebenso notwendiges Element wie das
Wasser und das Feuer.

Fernand Léger

Farbe, das unbekannte Wesen

Die magische Strahlkraft von tiefem Lapislazuliblau, schwankendes Mauve auf seinem beständigen Balanceakt zwischen Rosa und Violett oder die kompromisslose Direktheit von klarem Rot, das sich ungefragt in den Vordergrund drängt: *Farben faszinieren.* Ihre Vielschichtigkeit. Ihr unendlicher Facettenreichtum.

Jeden Tag sind wir umgeben von Millionen von Farben. Man muss nur an einen klaren Frühlingsmorgen denken und seine Wirkung auf unsere Stimmung, wenn wir Farben am Himmel sehen, die geeistem Zuckerguss gleichen. Oder an das perlmuttschimmernde Blau eines sonnenbeschienenen Meeres, die unzähligen Schattierungen von Grün in einem einzigen Waldstück, zart errötende Wicken oder den goldenen Glanz von reifen Weizenfeldern. Oft werden wir uns der Bedeutung von Farben allerdings erst an grauen Regentagen bewusst, wenn sie aus allem ausgewaschen wurden und nur noch ein trister Akkord anklingt, zusammengesetzt aus dem Steingrau des Asphalts, dem Bleigrau des Himmels und dem dunklen Schiefer eines Mantels. Gerade vor dieser Kulisse sticht die limonengrüne Tasche einer Passantin oder der fröhlich orangerote Schirm eines kleinen Mädchens besonders hervor und hebt unsere Laune augenblicklich. *Farben sind essenziell.*

Fast jeder Moment des Tages ist bunt eingefärbt, und Farben beeinflussen uns dabei sowohl emotional, mental als auch rein physisch: Er hatte gerade seine vierte Tankstelle überfallen, dem Betreiber eine geladene Pistole unter die Nase gehalten und anschließend im Gefängnis seine komplette Zelle zerlegt. Später saß er lammfromm auf einer Pritsche – nach nur einer Viertelstunde in einem rosafarbenen Raum.[1]

Sie hatte eine ganze Woche lang jeden Tag eisern ihre Salatblätter an Karotteneinerlei gekaut, aber hörte auf der Party trotzdem als Erstes: »Diäten bringen also auch bei dir nichts!« – weil sie in einem gelben Kleid steckte. *Farben wirken …*

… und Farben sprechen. Unbewusst verwenden wir Farben nahezu jeden Tag, um Gemütszustände oder Stimmungen zu umschreiben, und sprechen sogar von einer Färbung der Sprache bei Ausdrücken wie »heute ist alles grau in grau«, »die Welt durch die rosarote Brille sehen« – oder man sieht gleich ganz »rot«. Sind Farben im Spiel, hat man sofort ein klares Bild vor Augen und ein Gefühl für die Situation. In der Psychologie, im *Manchester Colour Wheel,* werden Farben beziehungsweise deren Sprache von Wissenschaftlern sogar verwendet, um Emotionen zu kommunizieren. Patienten, die Probleme haben, sich präzise auszudrücken oder ihre Gefühle in Worte zu kleiden, wählen dabei eine Farbe aus, die ihrem Gefühlszustand entspricht, womit Farben anstelle von Wörtern als Hilfsmittel benutzt werden, um objektivierbare Aussagen zu erhalten.[2]

Die Farbsprache war früher vielen zumindest in Teilen geläufig. Da die Menschen im Mittelalter größtenteils weder lesen noch schreiben konnten, kam nicht nur den einzelnen Gegenständen auf Gemälden und deren Symbolgehalt eine große Rolle zu, wie etwa dem fleckenlosen Spiegel auf Jan van Eycks *Arnolfini-Hochzeit,* der von der Reinheit der Braut spricht. Die Menschen wussten damals auch etwas mit den Farben anzufangen. So erkannte man in der Verwendung der Komplementärfarben Rot und Grün für die Gewänder des Paares die Vereinigung der Gegensätze, die Vereinigung von Mann und Frau in der Ehe. Genauso wusste man, dass Grün für die aufkeimende, Rot für die bestehende Liebe steht.

Farben werden allerdings nicht nur symbolisch, sondern auch vor dem Hintergrund alltäglicher Erfahrungen gedeutet, die man mit ihnen gemacht hat. Die Interpretation einer Farbe ist dabei kulturabhängig, das heißt, das Umfeld, in dem man lebt, prägt die Wirkung einer Farbe. Deswegen steht Grün bei Wüstenvölkern für das Paradies, während es in unseren Breiten eher »nur« mit der Natur in Verbindung gebracht wird.

In eine ähnliche Richtung geht die Deutung von Farben über Assoziationen, die man mit ihnen verbindet.[3] Daher wird Rot gerne mit Blut und Lebenskraft, Grün dagegen mit Unreife und Unerfahrenheit in Verbindung gebracht, da unreife Früchte meist noch grün sind. Daneben können persönliche Erlebnisse mit der Farbe eine entscheidende Rolle spielen, und manch einer mag Türkis mit einer glücklichen Kindheit verknüpfen, wenn er seine Ferien meist bei der Großmutter verbrachte, die eine blaugrün gestrichene Küche hatte.

Wiederum aus einem anderen Blickwinkel betrachtet man Farben, zieht man die traditionelle Deutung heran. Diese erklärt Farben meist anhand ihrer Rolle in der Geschichte der Farbgewinnung, weshalb Purpur etwa als würdevoll und ausgesprochen luxuriös gilt, da die Herstellung der Farbe aus einer speziellen Schneckenart früher sehr aufwendig war. Purpur eingefärbte Kleidung war daher nur Königen und hohen Würdenträgern vorbehalten.

Versuche, die Sprache der Farben zu entschlüsseln, gibt es demnach viele, doch häufig zeichnen sie kein klares, kein eindeutiges Bild einer Farbe. So ist Gelb zum einen als Synonym für die Sonne und das Göttliche bekannt. Zum anderen gilt es aber auch als Farbe der Geächteten einer Gesellschaft. Die Zuordnungen zu Violett reichen von fromm über eitel bis zu sündig. Wo aber liegt der Kern, die Persönlichkeit der Farbe?

Das Herauslesen von Farbbedeutungen zum Beispiel aus der historischen Verwendung der Farbe lässt einen sicherlich nicht nur faszinierende Geschichten über Farben entdecken, sondern ist ein wichtiger Weg, um sie zu deuten. Historische oder symbolische Deutungen leiten die Farbbedeutungen dabei allerdings von bestimmten Dingen oder Umständen ab, die mit der Farbe verknüpft sind. So wird Grün sehr häufig als giftig angesehen, was ein Paradebeispiel dafür ist, wie, so Eva Heller, »ein einzelnes sprachliches Klischee« die Farbwirkung prägen kann: »Giftgrün« ist ein feststehender Begriff, und Grün wird folglich als giftig wahrgenommen. Diese Zuordnung hat allerdings nichts mit dem Wesen von harmonischem und ausgleichendem Grün zu tun. Das »Giftgrün« leitet sich lediglich von der hochgiftigen Malerfarbe *Schweinfurter Grün* ab: in Arsen gelöster Kupfer-Grünspan – beides giftige Komponenten. Bei der Verarbeitung nahmen die Maler die Giftstoffe auf und starben an der sogenannten Malerkrankheit. Das berühmteste Opfer des *Schweinfurter Grüns* war wohl Napoleon, der an den giftigen Ausdünstungen der Farbe starb, mit der auch Tapeten eingefärbt wurden. Diese grüne Malerfarbe war zweifellos hochgiftig. Doch den reinen Farbimpuls Grün, der für Balance, Ruhe und – ganz im Gegensatz zu tödlichem Gift – für Heilung und Erneuerung steht, tangiert dies nicht.

Um zur Kernbedeutung einer Farbe vorzudringen, muss man demnach umgekehrt vorgehen: Man leitet ihren Inhalt nicht von ihrem Vorkommen oder ihrer Verwendung ab, sondern setzt die Farbe an die erste Stelle – und zwar die isolierte Farbe, losgelöst von allen Deutungen, die ihr im Laufe der Zeit zugeschrieben wurden. Diesen reinen Farbimpuls, der in vielen Fällen nicht mit den landläufigen Auslegungen übereinstimmt, gilt es freizulegen und auf sich wirken zu lassen. Von den Empfindungen, die man beim Betrachten der reinen Farbe hat, leitet sich dann ihre Deutung ab, denn: »Farbe ist nicht übertragbar«, wie der Grafikdesigner Milton Glaser es ausgedrückt hat. Er stützt sich bei seinen farbenfrohen Entwürfen teils auf traditionelle Farbbedeutungen, sagt aber auch: »Es gibt einen Moment, wenn die Logik nicht mehr greift; bei Farbe geht es um Intuition.« Auch Johannes Itten erinnert in seiner *Kunst der Farbe* an den berühmten Satz des Kleinen Prinzen, wenn er sagt, dass das innerste Wesen der Farben dem Verstand verborgen bleibt und nur intuitiv – mit dem Herzen – erfasst werden kann. Farben sind eine lebendige Kraft. Man muss sich ihnen öffnen, sie erleben, um zu ihrem Kern vorzudringen. Sieht man die Farbe dann losgelöst von jedem Symbolgehalt oder Ähnlichem, erkennt man:

»Rosa ist nicht Haut, Grün ist nicht Natur, Grau ist nicht Traurigkeit. Farbe besitzt eigenes Leben, eigene Sensibilität.«[4] *Jede Farbe besitzt ein eigenes Wesen.*

Rot ist kraftvoll, Blau zurückhaltend: Ein Wörterbuch der Farben

Um eine Basis zu haben und sich später »in Farbe« ausdrücken zu können, geht es in den folgenden Farbportraits zunächst darum, das Wesen der Farben zu bestimmen. Die Bedeutung der einzelnen Farbtöne ist dabei identisch mit jenem »eigenen Leben«, der geheimen Seele der Farben, mit dem, wie Franz Marc es ausdrückte, »geistigen Wesen der Farben«.[5]

Hat man es erkannt, kann man Begriffe finden, die den Charakter der einzelnen Farben einfangen. Mit anderen Worten: Die Vokabeln der Farbsprache, sprich die einzelnen Farbtöne, werden in unsere Sprache übersetzt – und dieses Buch ist der Versuch, eine *Übersetzung*, eine *Semantik der Farben* anzubieten.

Genau wie in jedem Kurs, den man bucht, um eine Fremdsprache zu lernen, sind hier für die Farbsprache also zunächst einzelne *Vokabeln* (Farbtöne) aufgelistet und »übersetzt« beziehungsweise interpretiert worden. Das Ergebnis ist *ein Wörterbuch* der Farben nach dem Muster »Farbe-Deutsch/Deutsch-Farbe«.[6]

Genauso, wie es Voraussetzung ist, den Basiswortschatz im Englischen zu beherrschen, will man sich in der Sprache unterhalten, muss man wissen, was zum Beispiel Gelb, Blau oder Apricot bedeutet. Es kann bei den Farben zwar keine Eins-zu-eins-Übersetzung geben wie etwa vom Englischen ins Deutsche, wo *bread* schlicht mit Brot übersetzt werden kann. Doch man kann den Farbtönen mehrere Begriffe zuordnen, die ihre Qualität umschreiben. Ordnet man sie wie Mosaiksteine nebeneinander an, lassen sie im Gesamtbild den Charakter der jeweiligen Farbe erkennen.

Die Deutungen der einzelnen Farben beruhen größtenteils auf farbtheoretischen Überlegungen. Trotzdem kann das Phänomen Farbe nie in einem streng wissenschaftlichen Rahmen abgehandelt werden. Bei der »Übersetzung« hat es mir zwar geholfen, auf theoretische Grundlagen zurückzugreifen, sie mussten aber mit einem Gefühl für Farbe Hand in Hand gehen. Farbtheorie und meine eigenen Beobachtungen und Empfindungen beim Betrachten von isolierter Farbe sind demnach die gemeinsame Basis.

Oft wird gerade der letzte Punkt harsch kritisiert. Man hört, dass das Farberleben zutiefst subjektiv und daher nicht zu verallgemeinern sei. Doch tatsächlich gibt es von Mensch zu Mensch keine gravierenden Unterschiede in der Wahrnehmung von Farben, was Wassily Kandinsky in einem Vergleich veranschaulicht hat: »Das Hören der Farbe ist so präzis, dass man vielleicht keinen Menschen findet, welcher den Eindruck von Grellgelb auf den Basstasten des Klaviers wiederzugeben suchen oder Krapplack dunkel als eine Sopranstimme bezeichnen würde.« Auch in der Farbpsychologie geht man davon aus, dass das Farbempfinden bei nahezu allen Menschen gleich ist, da es eine sogenannte Urprägung sei, die in unserer

Genetik verankert ist. Daher stuft jeder Mensch Orange beispielsweise als eine warme Farbe ein, unabhängig von persönlichen Erfahrungen.[7] C. G. Jung konnte sogar nachweisen, dass das Unbewusste sich in Bildern und Symbolen (zu denen auch Farben gehören) ausdrückt, die bereits *vorhanden* sind, das heißt nicht erst mühsam erlernt werden müssen. Die Menschen früherer Jahrhunderte drückten es blumiger aus, wenn sie die Farben als »Sprache der Seele« bezeichneten. Aber auch sie gingen wie selbstverständlich davon aus, dass jeder das Wissen um die Farbensprache in sich trägt – es muss nur wieder ins Bewusstsein gebracht werden.

Rotes Quadrat und blauer Kreis: Die Parallelismen

Sieht man das Wesen einer Farbe klar vor sich, und hat man es in Worte übersetzt, erkennt man auch ihre Entsprechungen, die *Parallelismen* der Farbe in anderen Bereichen. Man kann einer Farbe dann bestimmte Klänge sowie Zahlen, Duftnoten, Formen, Stile oder Materialien zuordnen, die den *gleichen inneren Gehalt* haben. Neben dem praktischen Nutzen, auf den ich weiter unten eingehen werde, gewinnt man durch die Parallelismen ein umfassenderes Bild von einer Farbe. Wenn man beispielsweise weiß, dass mildes Apricot ähnliche Eigenschaften hat wie weiche, anschmiegsame Stoffe oder der Duft von Neroli und Vanille, dann kann man ihr Wesen deutlich besser einordnen und ein Gefühl für die Farbe bekommen –

in einem Zusammenspiel der Sinne. Neben der allgemeinen Charakterisierung habe ich daher die vorgestellten Farbtöne auf Bereiche wie Formen, Materialien und Duftnoten abgeklopft und jeden Farbton in seine individuelle Formensprache, seinen eigenen Stil und seine persönliche Materialpalette übersetzt.

So wird ein mittleres Grün unter anderem von ausbalancierten, ruhigen Stilen umschrieben sowie von solchen, die maskuline und feminine Einflüsse harmonisch in sich vereinen. Begründet werden kann das aus der Stellung von Grün im Farbkreis, wo es die Mittelstellung einnimmt: Es hält gleichsam die Waage zwischen männlichen/warmen und weiblichen/kalten Farben[8], es ruht somit in sich. Die Ruhe, die Grün ausstrahlt, kann ebenso erklärt werden durch seine Mischung aus nach vorne drängendem Gelb und sich zurückziehendem Blau, die sich im Grün treffen und gegenseitig ausbremsen. Was bleibt, ist Stillstand und ausgeglichene Ruhe, die sich unter anderem in unbeweglichen, aber harmonischen Möbelstücken wiederfinden. Wassily Kandinsky, der die Farbtöne, bevor er sie anmischte, gesummt hat, hat ein mittleres Grün ebenfalls als ausgleichend in seiner Wirkung beschrieben, wenn er auch eine andere Basis hatte, von der er ausging: Er ließ die Farben einzeln auf sich wirken und verglich sie häufig mit Klängen, um seine Eindrücke über den Vergleich mit der Musik greifbarer zu machen. Für Grün wählte er als Parallelismus die »ruhigen, gedämpften, mitteltiefen Töne der Geige«, die ebenso harmonisch wirken wie der Farbton selbst. Damit sind bereits drei Entsprechungen für Grün grob umrissen: Stil, Form und Klang. Doch auch bestimmte

Düfte, Zahlen und vieles mehr haben den gleichen inneren Gehalt wie die Farbe, wie wir sehen werden.

Aus den Parallelismen lässt sich erkennen: Mit der Farbsprache ist eine weitaus präzisere, facettenreichere Kommunikation möglich als mit Worten: Zu sagen, er sei quittengelb oder der Raum habe eine dunkelblaue Atmosphäre, drückt mit einem Farbbegriff mehr aus, als eine komplette Seite ausformulierter Text es könnte. Denn eine Farbe vereint mehrere (Bedeutungs-)Ebenen in sich – die Farbsprache ist multidimensional. Mit einem Farbimpuls kann daher nicht nur präziser kommuniziert, sondern auch weitaus mehr an Information vermittelt werden als mit einem Begriff in einer regulären Sprache, da immer mehrere Ebenen gleichzeitig wirken: Ein Farbton ruft stets zugleich Formen, Stile, Klänge und vieles mehr wach, die ein vielschichtiges Bild weben. Das Zusammenspiel aller Ebenen kreiert eine facettenreiche, lebendige Aussage, und die Idee wird zugleich von mehreren Sinneseindrücken unterstützt.

Für jede Farbe habe ich einige der Parallelismen für die Bereiche Raumgestaltung und Mode zusammengefasst. Neben diesen beiden gibt es selbstverständlich noch zahlreiche weitere; denkbar wären auch Bereiche wie Gartengestaltung, Produktdesign und Ernährung oder noch spezifischer: Buchstaben, Symbole, Pflanzen oder Organe. Alexander Theroux hat bei seinen Betrachtungen über Farben sogar jedwede Einordnung in starre Kategorien außen vor gelassen und beispielsweise ein heiteres, verspieltes Orange unter anderem mit dem menschlichen Knie, Eulen, Scheinwerfern, Clownshaaren, dem Wort »Dixie«, Winnie the Pooh, Lachen, Karussellpferden, Spaßmessen, Surfen, Jukeboxes und vielem mehr assoziiert.

Jede Farbe ist episch ... und auch wenn der berühmte rote Faden in diesem Buch mit nur zwei Beispielbereichen – Mode und Einrichtung – relativ straff gespannt wurde, statt ihn noch um manche andere interessante Bäume am Wegesrand zu wickeln, hoffe ich, dass die »Multidimensionalität« von Farbe, das heißt die zahlreichen Ebenen, auf denen man eine Farbe lesen kann, dennoch deutlich wird.

Alle Theorie ist grau: Die farbenfrohe Praxis

> *»Jedermann weiß, dass Gelb, Orange und Rot Ideen der Freude und des Reichtums einflößen und darstellen.«*
> *»So so. Sagt wer?«*
> *»Der Maler Eugène Delacroix.«*
> *»Schön, und was fange ich damit an?«*

Die Farbsprache ist faszinierend. Doch, wie es der Dialog mit einem Freund auf den Punkt gebracht hat: Was nutzt mir dieses Wissen? Warum sollte ich ein Interesse daran haben, die Sprache der Farben zu lernen? Schließlich setzt sich auch niemand freiwillig an den Schreibtisch und paukt französische Vokabeln, wenn er damit nicht a) seinen Nachbarn aus »Fronkreisch« beeindrucken will, b) im Job dorthin versetzt wird und sich nicht nur von *baguette et vin* ernähren möchte oder c) zu den (seltenen) Zeitgenossen gehört, die Balzac gerne im Original lesen möchten. Kurz: Wenn man eine Sprache lernt, will man einen Nutzen davon haben. Man will das, was mit ihr ausgedrückt wird, zum einen verstehen können. Zum anderen möchte man in der Lage sein, in der neuen Sprache zu kommunizieren. Auf die Farbsprache angewendet heißt das, dass es in diesem Buch nicht nur darum geht, die Bedeutung jeder Farbe/Vokabel zu lernen, sondern sich Farben und das Wissen um ihre Qualitäten *und* um ihre Parallelismen auch im Alltag zunutze zu machen.

Es wird daher auch um den praktischen Nutzen des Farbwissens gehen: Was bringt mir das Wissen, dass Rot unter anderem kantig und komprimiert ist? Wie bringe ich die Wirkung einer Farbe in eine Raumgestaltung ein, ohne auf sie als Wandanstrich oder Oberflächenfarbe zurückgreifen zu müssen? Wie kleide ich mich präsent und selbstsicher, ohne mich zum Beispiel in leuchtendes Rot hüllen zu müssen? Wie kann ich die Wirkung einer gelben Wand noch unterstreichen? Und vieles mehr.

Wichtig ist mir zu zeigen, dass das Gestalten mit Farbe nicht mit der Verwendung der Farbe selbst aufhört, sei es als Wand- oder Oberflächenfarbe in der Raumgestaltung, als Stofffarbe im Modedesign oder als Farbe der Verpackung und des Artikels selbst in der Produktgestaltung. Denn jeder Farbton hat seinen inneren Gehalt, und wenn man diesen kennt, kann man …

… auch ohne die tatsächliche Verwendung einer Farbe ihre Qualität in Raumgestaltung oder Garderobe einbringen. Man verzichtet dann auf die Farbe und greift nur auf Formen, Materialien und Ähnliches zurück, die inhaltlich verwandt sind.

… einer Gestaltung eine zusätzliche Ebene hinzuzufügen, welche die Aussage der Farbe noch einmal unterstreicht. Das funktioniert, wenn man Formen oder Materialien benutzt, die den gleichen Inhalt haben wie die verwendete Farbe.

… es vermeiden, die Aussage einer Gestaltung durch eine Kombination von Farben, Formen und Materialien, die sich in ihren Inhalten widersprechen, zu torpedieren oder zu schwächen.[9]

Eines will dieses Buch allerdings auf keinen Fall: Farben ganz aus der Mode oder der Einrichtung verdrängen und komplett durch ihre Entsprechungen ersetzen. Es gibt kaum etwas Schlimmeres als sterile weiße Wände im ganzen Haus. Erst Farbe erweckt Räume zum Leben, »lässt sie singen«, wie der bekannte Inneneinrichter Jamie Drake sagt. Farbe kann Zimmer überdies optisch vergrößern oder verkleinern, kühl oder warm erscheinen sowie störende Ecken und Kanten verschwinden lassen. Farbe beruhigt, regt an, strukturiert und schafft Atmosphäre. Sie unterstreicht die Architektur, hebt den Zweck eines Raumes hervor oder verändert ihn und wirkt bei wechselnden Lichtverhältnissen immer wieder anders.

Trotzdem ist es von Vorteil zu wissen, wie man eine Farbe in ihrer Wirkung noch verstärken kann. Genauso sinnvoll ist es, in der Lage zu sein, eine Farbe zu umgehen, indem man auf ihre Entsprechungen zurückgreift. Denn schon manche, die zum Beispiel zu lange in einem Raum mit feuerroten Wänden saßen, sind eben die irgendwann hochgegangen.

Auch bei der Mode geht es mir nicht darum, das Bunte aus der Garderobe zu verbannen. Denn die Farben der Kleidung können unser Wohlbefinden steigern, unsere Individualität zum Ausdruck bringen und eine bestimmte Wirkung bei anderen hervorrufen. Die richtige Farbe lässt Sie interessanter und selbstbewusster wirken, authentischer und attraktiver. Farbige Kleidung kann einen gesund oder blass aussehen lassen, klein oder groß, dick oder dünn.

Aber nicht jeder sieht in seiner Lieblingsfarbe automatisch gut aus. Was tun, wenn für Sie nichts über Eisblau geht, Sie damit aber aussehen, als stünden Sie kurz vor dem Kältetod? Vielleicht steht Ihnen Ihre Farbe auch. Sie wollen sich aber ungern von Kopf bis Fuß darin einhüllen und beispielsweise als Vision in Pink vor die Tür treten und unschuldige Passanten erschrecken. In diesen und zahlreichen anderen Fällen hilft es, die Übersetzungen der einzelnen Farben zu kennen, um auf sie ausweichen zu können.

Die Praxisbeispiele zu den Farben sind in den meisten Fällen keine durchgängigen Einrichtungsvorschläge oder Stylingtipps. Denn niemand wird sich komplett in einer Farbe wiederfinden, sondern ein persönlicher Stil ist immer eine Kombination aus mehreren Farben beziehungsweise Aspekten. Besonders bei einem »gelben« Interieur oder bei Mode im »gelben« Stil werden Sie sehen, dass es sinnvoll ist, nicht nur auf die Entsprechungen einer einzigen Farbe zurückzugreifen, sondern für eine Raumgestaltung oder ein Outfit Kombinationen aus mehreren (Lieblings-)Farben zu wählen, die dann auch mehrere Facetten Ihrer Persönlichkeit abdecken werden.

Die Beschreibungen in diesem Buch sind vorwiegend dazu gedacht, deutlich zu machen, wie man eine Farbe übersetzen kann – zum Beispiel in bestimmte Möbel oder in Stoffarten.

Ich bin davon überzeugt, dass man sich mit Farbe genauso ausdrücken kann wie mit jeder anderen Sprache auch – mit einem entscheidenden Unterschied: Die nonverbale Farbsprache ist weltweit gültig und verständlich. Von dieser »Universalsprache der Farben« waren bereits zahlreiche Künstler vergangener Jahrhunderte fasziniert. Gerade der Begriff einer »Grammatik der Farben« war weitverbreitet und wurde zum Beispiel von Johannes Itten für seine theoretischen Überlegungen zur Farbe wieder aufgegriffen.

Ich bin ebenfalls davon überzeugt, dass man durch die Beschäftigung mit den Farbtönen und deren Entsprechungen fundierte Kenntnisse über Farben und eine Vertrautheit im Umgang mit ihnen erlangen und ausbauen kann – hin zu einem tiefgreifenden Bewusstsein für Farbe in all ihren Facetten und dem Wissen, dass Farbe weit mehr ist als ein bloßes Pigment oder eine traditionelle Deutung. Es gibt vielmehr etwas, das noch hinter jeder Farbe steht und ihre unverfälschte Natur, ihr Wesen ausmacht.

Dieses Buch ist daher der Versuch, Farben auf ihren Kern zu reduzieren. Es soll als Übersetzungshilfe für das Phänomen Farbe dienen, als Wörterbuch für die Farbsprache – denn Farbenlesen kann man lernen. Neben dem praktischen Nutzen, den dieses Farbwissen bietet, möchte dieses Buch jedoch insbesondere eines vermitteln: ein Verständnis für den faszinierenden, ausgesprochen vielschichtigen und individuellen

Charakter, der hinter jedem einzelnen Farbton steht. Ein tiefes Gefühl für das Phänomen Farbe, das uns alle täglich umgibt, uns von unendlichem Nutzen sein kann, wenn wir damit umzugehen wissen, und das, wie es Prof. Harald Brost vom Institut für Farbe in Kirn formulierte, »die wichtigste Erfahrung der Menschen in diesem Jahrhundert sein wird«.

Die Sprache der Farben

Vom kindlichen Charme eines Rokokorosa bis zur erwachsenen Sinnlichkeit von Burgunder: **Die Rottöne**

Wenn diese roten Schuhe mein sind,
wird meine Macht die größte in Oz sein.

Die böse Hexe des Westens im Film
Der Zauberer von Oz

Rot ist Urkraft, Materie und Präsenz.

Mittelrot/Blutrot: Komprimierte Kraft

Der Ursprung Die erste Farbe im Spektrum ist gleichzeitig der Ton mit der Qualität der Eins, des Beginns. Interessant ist, dass auch der Name des ersten Mannes, Adam, nicht nur »der Erste« bedeutet, sondern zugleich »Erde« – und »Rot«. Rot ist der Ursprung, die Erde, aus der alles Leben hervorgeht. Es ist eine ausgesprochen irdische Farbe, und als dichteste, grobstofflichste ist Rot ohnehin die Farbe des Körpers und der Materie. Sie ist geradezu der Inbegriff von Stofflichkeit, keine Farbe ist so substanziell wie Rot.

Kraftvolle Präsenz Wenn man an strahlendes Orange denkt, empfindet man Wärme; bei intensivem Rot ist es dagegen eine alles verzehrende Hitze. Rot ist sichtbar gewordene Energie und Stärke, und Potenz ist ein häufig verwendeter Begriff, um das Wesen von Rot zu beschreiben. Rot ist kraftstrotzend, selbstbewusst und souverän. Ihm wohnt eine eigene, urwüchsige Präsenz inne, die es unverrückbar in sich ruhen, sich von nichts beirren lässt. Rot steht nicht zur Diskussion. Rot ist.

Dominanz Mehr noch: Rot dominiert, und es überwältigt jede andere Farbe. Bereits in grauer Vorzeit schmückten Jäger und Krieger sich und ihre Waffen mit Blut oder rotem Ocker (auch »das Blut der Erde« genannt). Zunächst einmal, weil Rot lebenserhaltende Kräfte zugeschrieben wurden, hauptsächlich wollten sie über die rote Farbe aber aggressive Stärke und Dominanz ausstrahlen,[10] denn Rot ist gleichbedeutend mit Durchsetzungskraft und Macht. Diese ungemein dominante Wirkung von Rot hat der Filmregisseur Derek Jarman noch um einen wichtigen Aspekt ergänzt, denn reines Rot verteidigt seine Vormachtstellung, es teilt nicht: »Rot schirmt sich ab. Keine Farbe ist so territorial. Es steckt sein Revier ab, ist auf der Hut gegenüber dem Spektrum.«[11]

Komprimierte Kraft und pulsierende Ruhe Gleichzeitig strahlt Rot eine tiefe Ruhe aus. Betrachtet man es im Vergleich zu seiner Komplementärfarbe Grün, wird jedoch deutlich, dass es nur eine vordergründige Ruhe sein kann. Grün ist tatsächlich ruhig und ausgeglichen. Es hält die Balance zwischen nach vorne preschendem Gelb und in den Hintergrund flüchtendem Blau, die sich gegenseitig ausbremsen und in Grün zum Stillstand kommen. Einem eher trägen Grün genügt es, die beiden gegensätzlichen Energien auszutarieren und das Gleichgewicht zu halten.

Die Ruhe von Rot hingegen ist in Wirklichkeit komprimierte Energie, in einem Punkt gebündelt. Diese geballte Kraft kann nur mühsam im Zaum gehalten werden, sie will in Aktion treten. Rot lauert. So wirkt die Farbe zwar auf den ersten Blick ebenfalls ruhend und statisch, doch ihre unglaubliche innere Kraft ist nicht zu übersehen. Rot pulsiert, scharrt mit den Hufen – wenn auch auf der Stelle.

Denn auch ein Rot bewegt sich nicht vom Fleck, sondern in ihm liegt lediglich der Wille zur Aktion. Bewegung entsteht erst, wenn der schnelle Impuls von Gelb auf das unverrückbare Rot trifft und daraus quirliges Orange entsteht. Oder wenn sich Rot mit Blau verbindet und in die mystischen Tiefen von Violett hinabsteigt. Reines Rot allerdings ist die Urkraft, die zwar auf der Stelle tritt, aber ein unerschöpfliches Kraftreservoir in sich birgt. Das Bedeutungsspektrum von Rot reicht daher von Liebe bis Krieg, von Leidenschaft bis Hass – es ist ungerichtete reine Kraft, die erst durch die Kombination mit anderen Farben eine Richtung erhält.

Roter Punkt und rotes Quadrat Rot ist demnach in erster Linie formlose, reine Energie, die sich an einer Stelle konzentriert, weshalb ihm der Punkt als Symbol zugeordnet wird. So scheint es zunächst wie ein Widerspruch, formloses Rot auch mit dem ruhenden Quadrat in Verbindung zu bringen. Dennoch umschreibt dessen starre Form am besten die Qualität von ebenso starrem Rot, zu dem man am Bauhaus lehrte: »Die Farbe steht in der Fläche.« Sein Komplementär Grün ist offen für Veränderungen, dominantes Rot hingehen nicht. Rot ist, und Rot bleibt. Man empfindet, so Johannes Itten, auch eine starke Spannung beim Zeichnen der starren Linien und rechten Winkel eines Quadrates, was sehr genau der angespannten, lauernden Qualität von Rot entspricht.

Solides, stämmiges Rot drückt sich daneben generell in einer gewissen Statik und Schwere sowie in einer kraftvollen Formensprache aus, die konzentrierte Energie ausstrahlt. Rot entsprechen maskuline, dominante Formen, die hart, eckig und präsent wirken. Es steht außerdem für die niedrigen Basisformen wie schlichte Holzblöcke, die zwar auffällig, aber einfach gehalten sind – so urwüchsig wie die Farbe selbst.

Parallelen zur Romanik In diesem Zusammenhang bietet sich der Vergleich mit der Romanik an, die mit ihren trutzigen, schweren Bauten in massivem Stein in mehr als einer Hinsicht der Qualität von klarem Rot entspricht. Die ausgeprägte Sicherheit und Ruhe, die Rot eigen ist, bildet der romanische Stil mit seiner wehrhaften Architektur und ihrem charakteristischen Ebenmaß ab. Auch die geometrischen Bauelemente, die große Ausdruckskraft der Bauwerke sowie deren einfache und teils grobe Formensprache tragen »rote« Züge. Genauso »rot« ist die wuchtige Monumentalität, die beispielsweise romanische Basiliken, Sinnbilder der Macht, mit ihrer massigen Bauweise und ihren mächtigen Türmen ausstrahlen.

Vokabeln

Materie, substanziell, grobstofflich, statisch, präsent, ruhend, dominant, kühn, provokant, direkt, kraftvoll, Urkraft, urwüchsig, ursprünglich, primitiv, wild, hitzig, feurig, leidenschaftlich, auf- und erregend, intensiv, selbstbewusst, vital, irdisch, nah, massiv, kompakt, komprimiert, lauernd, trutzig, Mittelpunkt, unübersehbar, kompromisslos, unverrückbar, territorial, fordernd, Virilität, Potenz, Durchsetzungskraft, Macht, Ego, maskulin.

Vitale und selbstbewusste Persönlichkeiten Rot kann vor diesem Hintergrund nur die Farbe von selbstbewussten, vitalen Persönlichkeiten sein, die gerne im Mittelpunkt stehen. Es kennzeichnet Menschen, die mit beiden Beinen fest im Leben stehen und eine unantastbare Selbstsicherheit ausstrahlen, die sich nicht zuletzt aus ihrem ausgeprägten Körperbewusstsein herleitet. Diese Menschen sind sinnlich und sich ihres Körpers stets bewusst, sie fühlen sich darin absolut zu Hause – und genießen es. Sie haben eine starke, extrovertierte Persönlichkeit und strotzen nur so vor Lebenskraft und Tatendrang. Teilweise vertreten sie jedoch einen allzu kompromisslosen Standpunkt und neigen auch zu Wut, Aggressivität und übereiltem Handeln, da die ursprüngliche, primitive Kraft von Rot eine ungezügelte Dynamik entwickeln kann, die jede rationale Analyse einer Situation vereitelt.

Raumgestaltung – kompromisslose Formensprache

Rot hat eine dominante, direkte Wirkung und zieht die Aufmerksamkeit auf sich wie ein Magnet. Eine kleinere Wand, eine Nische, ein Bild oder ein chinesischer Lacktisch, der vielleicht noch das Rot im Teppichmuster aufgreift – als effektvolle Akzentfarbe ist Rot fast unschlagbar. Es sollte allerdings Räumen vorbehalten bleiben, in denen man sich nicht zu lange aufhält. Denn klares Rot wirkt ungemein anregend bis erregend und weckt unsere Sinnlichkeit. Für ein außergewöhnliches Esszimmer ist die Farbe daher wie geschaffen, denn prächtiges Rot macht Lust auf Genuss. Doch in einem Schlafzimmer animiert die Farbe zwar dazu, ein Buch in einer Nacht durchzulesen oder den Partner zu beglücken. Aber an einen schnellen, erholsamen Schlaf ist eher nicht zu denken. Da großflächiges Rot zudem allzu dramatisch oder sogar primitiv wirken kann und Räume zugleich optisch verkleinert, sollte es bis auf wenige Ausnahmen in einer Gestaltung nur streng dosiert eingesetzt werden.

In der Übersetzung sprechen kubische Formen eine rote Sprache, da der Kubus die dreidimensionale Weiterentwicklung des typisch roten Quadrates ist. Natürlich eignen sich auch quadratische, bodennahe Tische aus massivem Hartholz mit einer kompromisslosen, kraftvollen Formensprache. Auffällige Einzelstücke, die präsent wirken und den Blick auf sich konzentrieren, entsprechen ebenfalls dem Charakter von Rot. Denn Rot fällt auf, es ist die große Geste. Zu ihm passt kein kleiner Klappstuhl, sondern der massige Büffelledersessel. Rot ist kein Nippes, sondern die überdimensionierte Ethnovase. Dementsprechend passen zu ihm auffällige Kunstgegenstände ursprünglicher Kulturen wie Skulpturen von Erdgöttinnen und generell klobige, dabei immer massive Möbelstücke oder schwere Natursteine, die der reinen, aber noch ungerichteten (in diesem Fall unbehauenen) Kraft von Rot entsprechen.

Da auch die Romanik mit Rot verwandt ist, kann man sich, gerade als Einzelstücke, eine alte, grob gezimmerte romanische Truhe aus kräftigen Holzbrettern vorstellen, die nicht zuletzt in ihrer Einfachheit, ihrer massiven Ausführung und im Fehlen jeglichen Zierrats die Eigenschaften von Rot widerspiegelt. Allein von starken, schmiedeeisernen Bändern zusammengehalten, strahlt sie eine gewisse »rote« Rohheit aus, die die gedrungene, kastige Form noch unterstreicht.

Den für Rot typischen kantigen Effekt erreicht man unter anderem mit kontrastreichen Farbgebungen, die zugleich ebenso auffällig wirken wie lautes Rot. Wortwörtlich flammend rot ist dagegen ein offener Kamin. Außerdem eignen sich ein dunkler Holzboden mit prägnanter Maserung, Felle, alle dick gewebten, griffigen Texturen, roh-sinnliche, maskuline Lederteppiche – wobei am besten solche passen, die in ihrer ursprünglichen Form belassen und nicht durch Design »kultiviert« oder »gezähmt« wurden – oder Quadrate aus Leder als Wandbespannung, um eine rote Raumqualität zu schaffen.

Mode – sicheres Auftreten

Mohnrot, Blutrot, Rubinrot, Scharlachrot, Signalrot, Tomatenrot, Zinnoberrot ... Die Palette der Rotnuancen ist schier unendlich – doch alle vereint das eine Attribut, für das Rot zum Synonym geworden ist: Leidenschaft. Rot ist der Inbegriff von Kraft, Dynamik, Erotik, Impulsivität, Verführung und ... Leidenschaft.

Ein rotes Sirenenkleid ist fast schon gleichbedeutend mit einer aufregenden, selbstbewussten Frau. Wer Rot trägt, gibt ein Statement ab: Hier bin ich! Man will attraktiv wirken, auffallen und im Mittelpunkt stehen – was gelingt, denn Rot zieht alle Blicke auf sich. Trägt man kräftiges Rot, fühlt man sich sofort energiegeladener, entschlossener und präsenter, weswegen es für Situationen, in denen man Stärke demonstrieren muss, die optimale Farbe ist. Neigt man allerdings auch nur zu leichten Rötungen im Gesicht oder ist sehr gebräunt, ist Rot eine denkbar schlechte Wahl; man wirkt dann in einem flammend roten Kleid, als habe man tatsächlich Feuer gefangen.

Weicht man auf die Übersetzungen der Farbe aus, bieten sich unter anderem einprägsame, geradlinige Schnitte an, die schlicht wirken, jedoch effektvoll auf Figur geschnitten sind. Auffällige Einzelstücke, wie beispielsweise ein maskuliner, schnörkelloser Hosenanzug mit betonter Taille und tiefem Ausschnitt, sind ausgesprochen »rot«; am besten aus einem dichten, griffigen Stoff wie Schurwolle oder Rohseide gearbeitet. Kombiniert werden die Kleidungsstücke mit auffälligen Accessoires und hohen, schlichten Pumps, um sowohl die unverwechselbare Ausstrahlung von Rot als auch dessen sinnlichen Aspekt abzubilden. Trotzdem sind alle Kleidungsstücke grundlegend pur und ohne überflüssige Verzierungen gehalten, ohne modisches Getändel – im Gegenteil, das starke Selbstbewusstsein von Rot setzt sich in einem klaren Stil durch, der die Präsenz der Farbe unverfälscht zum Ausdruck bringt.

Dem stets leicht animalischen, urwüchsigen Charakter von Blutrot entspricht selbstverständlich auch Leder als Material für Hosen, Röcke und Jacken. Die ursprüngliche Qualität der Farbe kann sich beispielsweise in Tribalmustern ausdrücken. Generell tragen sinnliche Designs, die die Hüften oder bei Abendkleidern den nackten Rücken und die Schultern so in den Blickpunkt rücken, dass man sich der Wirkung nicht entziehen kann, die Handschrift von Rot. Ein schwerer, verführerischer und ungemein präsenter Duft – ein Parfüm »voller Kurven« – ist rot, und eine überdimensionierte, grobgliedrige Kette aus massivem Gold als auffälliger Hingucker rundet das rote Bild ab.

Übersicht

Raumgestaltung kurz und knapp:
Auffällige und kantige Möbelstücke ohne Zierrat und kompakte Formen sind typisch für den blutroten Stil, zum Beispiel quadratische, bodennahe Tische. Generell

sprechen sämtliche groben, fast klobigen und dabei immer massiven Möbelstücke wie romanische Truhen und Einzelstücke in kubischen Formen eine rote Sprache. Typisch flammend rot sind selbstverständlich auch offene Kamine. Schmiedeeiserne Beschläge, Lederteppiche und Holz- oder Steinböden ergänzen das Bild zusammen mit auffälligen Solitären wie überdimensionierten Vasen, Kunstgegenständen ursprünglicher Kulturen oder schweren Natursteinskulpturen.

Mode kurz und knapp:
Blutrote Mode kennzeichnen sinnliche Designs und selbstbewusste Entwürfe mit simpler, aber effektvoller Schnittführung, die die Figur betont. Genauso passend sind Einzelstücke, die in dichten, griffigen Stoffen gearbeitet sind und mit auffälligem, massivem Schmuck oder beinahe »klobigen« Accessoires kombiniert werden.

Hellrot/Rokokorosa: Zarte Einflussnahme

Junges Rot Nahezu jeder denkt bei Rosa an kleine Mädchen, Puppen und Prinzessinnenspiele. Doch so romantisch und mädchenhaft der zarte Pastellton auf den ersten Blick auch wirkt, er ist trotzdem die aufgehellte Nuance von Rot. Deshalb sollte bei all seiner Fragilität immer im Hinterkopf behalten werden, dass selbst knospenzartes Rosé ein im Grunde maskuliner Farbton ist. Bis ins 19. Jahrhundert hinein waren

Rot oder Rosa sogar die typischen Kleidungsfarben männlicher Babys und Kinder, da man damals noch wusste, dass Rot die männliche Farbe schlechthin ist, während Blau meist Maria vorbehalten war und generell mit dem Weiblichen assoziiert wurde. Rosa nun ist lediglich ein junges Rot[12], durch das zwar deutlich gedämpfter, aber immer noch klar genug die Kraft der reinen Farbe strahlt.

Harter Kern, charmant ummantelt Die dominante Präsenz von Rot verwandelt sich in seiner lichten Form allerdings in die deutlich zartere Einflussnahme von Rosa, das sich nicht mehr in den Mittelpunkt drängt. Es steht vielmehr etwas abseits und wirkt, anstatt Aufmerksamkeit einzufordern, besänftigend auf den Betrachter. Anders als Rot, bei dem das Ego im Mittelpunkt steht, hat Rosa die Liebe zu sich selbst bereits erlebt, weswegen es sich nun mit fürsorglicher Anteilnahme anderen zuwenden kann. Bei Rosa darf man daher auf empfindsames Verständnis und Mitgefühl hoffen.

Durch die Aufhellung mit stillem Weiß ist es eine leise, zärtliche Farbe, und Menschen, die Rosa lieben, werden nie dominant auftreten oder rücksichtslos ihre Interessen durchsetzen. Die vergleichsweise raue Präsenz von reinem Rot hat sich in Rosa zu zarter Anmut gewandelt.

Verfeinertes Rot und bedingungslose Liebe Rosa ist trotz seines kindlichen Charmes kein infantiler Farbton, sondern vielmehr als die Weiterentwicklung, der verfeinerte Impuls von Rot zu verstehen. Wo Rot noch erdnahe, pure Kraft war, ist Rosa seine kristalline Form, in der sich das Rot, wie Theodor Däubler es ausdrückte, »melodisch zerzüngelt«. Die Farbexpertin Leatrice Eiseman hat kräftiges Rot und zartes Rosa in einem schönen Wortspiel verglichen: Rot ist für sie »a flush«, der leidenschaftliche Rausch oder auch der Wutschwall, der die Wangen tiefrot färbt; Rosa dagegen ist »a blush«, also nur noch ein dezentes Erröten.

Rosa ist ein ausgeblichenes Rot und damit eine verwässerte, »leidenschaftslose Leidenschaft«. Bei Menschen, die Rosa lieben, scheint es sogar, als sei auch ihre Durchsetzungskraft verwässert, als seien sie meist unfähig, auf ihre innere Stärke zuzugreifen. Im positiven Sinne ist Rosa aber durch Weiß aufgelockerte rote Dichte, deutlich freier und beweglicher als Rot. Rosa hat die schiere physische Kraft und vor allem das Ego von Rot überwunden und zu einer leidenschaftslosen, emotionalen Stärke gefunden. Wo Rot forderndes körperliches Verlangen wachruft, ist Rosa eine gänzlich bedingungslose Liebe, und rosabetonte Menschen zeichnet eine besänftigende Warmherzigkeit aus.

Pink Auf halbem Weg zwischen leidenschaftlichem Rot, dem Inbegriff der körperlichen Liebe, und zartem Rosa, das bestenfalls mit scheuer Verliebtheit umschrieben werden kann, liegt Pink, ein brillanter Himbeerton. Unübersehbares, aber noch eher eindimensionales Pink ist auf seine Wirkung im Außen konzentriert. Es ist erst leicht durch Weiß aufgelockertes Rot, was sich in einem sorglosen, frivolen und leicht provokanten Auftreten äußern kann. Die Stabilität von Rot fehlt bereits, und die mitfühlende Ebene von Rosa ist noch nicht erreicht. Der Farbton hat allerdings gerade deshalb eine besondere Stärke: Knalliges Pink setzt wie keine andere Farbe eine faszinierende Energie frei, die neben aller Koketterie eine junge, starke und mutige Qualität hat.

Vokabeln

Zart, zärtlich, romantisch, süß, süßlich, zuckrig, niedlich, zierlich, verspielt, märchenhaft, träumerisch, grazil, subtil, leidenschaftslos, unschuldig, unbeschwert, fürsorglich, mitfühlend, beschützend, besänftigend, zerbrechlich, innere Stärke, verfeinertes Rot.

Raumgestaltung – stabile Fragilität

Rosafarbene Wände werden fast ausschließlich für Kleinmädchenzimmer ausgewählt, die sich gerne mit Farben wie Erdbeereis, Bonbon- und Barbierosa umgeben. Erwachsener wirken Rosatöne, wenn sich ein dunstiger Schleier über sie legt. Die Farben von Teerosen, altrosa Klee oder Malven wirken elegant und feminin statt kindlich. Zartes Rosa hat aber immer eine sehr persönliche Note und ist daher eine klassische Farbe für reine Privaträume. Dort besänftigt es und hilft sogar, Aggressionen abzubauen. Rosa wirkt stets zart, romantisch und verspielt. Es befriedigt ein tiefes Sicherheitsbedürfnis und schafft eine heile, träumerische Welt. Denn so erdnah sich Rot gibt, so realitätsfern ist Rosa, und deswegen wundert es nicht, dass das fiktive Idyll Arkadien gerade im Rokoko, einer Stilform, die Rosa nahekommt, so beliebt war. Rosafarbene Räume sind märchenhafte Orte, zu denen die Probleme der Alltagswelt keinen Zutritt haben.

Auch die Entsprechungen der Farbe schaffen intime und romantische Räume. Der sorglos verspielte Stil des Rokoko oder venezianischer Barock schafft ein Ambiente, das sowohl der grazilen als auch der allzu gefälligen Note von Rosa gerecht wird, das bisweilen von zart zu zuckrig abgleitet. Mit hellen Stoffen bezogene Chaiselongues, die fast zerbrechlich wirken, stehen hier neben zierlichen Frisiertischen und grazilen Kommoden. Die Vielzahl der Einlegearbeiten und die sich teils überlappenden Motive entsprechen dabei in ihrer dichten Fülle den roten Anteilen; die feine, filigrane Ausführung und die durchbrochenen Formen lassen jedoch wieder das leichte, helle Rosa durchschimmern. Die schlichte Massivität von Rot hat sich in Rosa gelockert und ist in zierlichen Liebreiz übergegangen – passend dazu überziehen florale Verzierungen die Wände wie mit einem zuckrigen Guss. Auch unsymmetrische Formen wie verschnörkelte Muschelornamente deuten an, dass sich Rosa aus der schweren, ins Quadrat gepressten Starre von Rot befreit hat und sich stattdessen spielerisch »zerzüngelt«.

Trotz all des Getändels und der teils überbordenden Verzierungen haftet Rosa scheinbar stets ein Mangel an Substanz an. Doch wohlgemerkt »scheinbar« – denn selbst das zerbrechlichste Rosa trägt unter all seinem filigranen Zierrat noch die Kraft und Stärke von Rot in sich. Deshalb entsprechen ihm zwar delikat erscheinende, märchenhaft verschnörkelte Formen. Doch unter der pastelligen Lackierung verbirgt sich ein stabiles Gerüst aus durchaus hartem Eisen oder massivem Holz – der harte Kern wird hier lediglich charmant ummantelt und gefälliger präsentiert als bei kompromisslosem Rot. Auf den ersten Blick leichte, aber griffige Stoffe wie Crêpe oder Veloursleder umspielen ebenfalls den »Kern« der Einrichtung aus Holz oder Eisen, der der zwar nicht sichtbaren, doch nicht zu leugnenden Stärke von Rosa Rechnung trägt.

Zartes Rosa umgibt sich dabei gern mit zierlichen Kunstobjekten wie Chinoiserien, mit pastelligen Aubusson-Teppichen, Bezügen mit verspielten Drucken in Pudertönen oder hellen, freundlichen Musterungen für Wandbespannungen und Vorhänge, die den anmutigen Charakter der Farbe umsetzen. Heiter-liebliche Bildmotive wie die typischen Szenen von Fragonard entsprechen in ihrer Unbekümmertheit der Qualität von Rosa (in den teils koketten Bildthemen sind sie allerdings klar pink).

Als Überbegriff für einen rosa Wohnstil wäre »verfeinerte Wohnkultur mit Rückgrat« passend, wobei die besänftigenden Farben und die zerbrechlich wirkenden Möbelstücke die tatsächliche Unschuld und Zerbrechlichkeit von Rosa nicht vergessen lassen.

Mode – grazile Romantik

An sich eine schöne Farbe, die vielen Frauen sehr schmeichelt, klebt an Rosa leider ein unschönes Etikett. Mit rosafarbenen Kleidern stopft man sich unweigerlich selbst in die Schublade von kleinen Mädchen, Disneyprinzessinen, Barbie, Brautjungfern und Paris Hilton. Rosatöne wie Erdbeereis, Zuckerwatte oder Bonbon- und Kaugummirosa sind wie die Bilder, die sie wecken, für die Mode meistens zu süß und zuckrig. In den zarten Pudertönen jedoch wirkt die Farbe charmant und unschuldig, die dunstigen Rosanuancen strahlen sogar eine sanfte Eleganz aus. Es ist trotzdem nicht in jeder Situation empfehlenswert, sich von Kopf bis Fuß in die Farbe zu hüllen, denn rosafarbene Mode vermittelt – einem selbst und anderen – das Gefühl, weich und verletzlich zu sein, unabhängig davon, ob man die Farbe selbst trägt oder ihre Entsprechungen.

Romantische Designs in lieblichen Pastelltönen entsprechen zartem Rosa, der Farbton verlangt geradezu nach einem leicht süßlichen, niedlichen Stil, der sich verspielt und sorglos gibt. Denn Rosa ist sowohl der provokante Charakter von Blutrot als auch die kultivierte Sinnlichkeit der tiefen Rottöne fremd. Alle unbekümmerten Einflüsse, wie zum Beispiel wippende Volants, Rüschen, Schleifchen, duftige Lochstickereien und romantische Blumen- und charmante Toilemuster, entsprechen dagegen dem hellen Rot, in dem die direkte Verführung von Rot nur noch verspielte Unschuld ist. Die intensiveren pinken Farbtöne haben mit zwar verspielten, aber aufreizenden Korsagen dagegen eher eine kapriziöse, kokette Wirkung. Zartes Rosa aber will nicht auffallen und im Mittelpunkt stehen wie die intensiven Rottöne, sondern es genügt sich selbst und ist viel eher bestrebt, seine zarte Natur nicht durch einen betont sinnlichen Stil oder schwere Materialien zu überlagern.

Um der zwar deutlich zurückgenommenen, aber nach wie vor präsenten Kraft von Rot und gleichzeitig der Feinheit seiner lichten Form gerecht zu werden, bietet sich bei einem Ensemble »in Rosa« zum Beispiel weiches Wildleder an – ein Material, das die sinnliche Qualität von Rot noch in sich trägt, aber ungleich sanfter, zarter ist. Sehr duftige Stoffe wie Seide, Voile, Tüll oder Crêpe entsprechen mit ihrer »griffigen

Zartheit« ebenfalls dem zweischneidigen Charakter von Rosa. Eine Überfülle an zarter Spitze und verspielten Stickereien umschreibt daneben die Auflösung von starrem, greifbarem Rot in Rosa. In dieselbe Richtung gehen bauschige Röcke, die in ihrer Stofffülle noch an Rot erinnern – auch Petticoats, die zwar rote Fülle schaffen, doch auf eine schwerelose Weise, eben rosa –, aber in einem zarten Material gearbeitet sind, das den zerbrechlichen Charme von Rosa nicht erdrückt. Genauso passen zu Rosa dünne Hosen aus Seide, die sowohl dem maskulinen als auch dem zarten Aspekt von Rosa gerecht werden. Süße, zart-blumige Parfüms mit pudrigen und lieblichen Noten, die jedoch die Tiefe von reinem Rot noch erahnen lassen, unterstreichen den grazilen Stil.

Übersicht

Raumgestaltung kurz und knapp:
Rosa verlangt nach märchenhaften Rückzugsorten, die dem normalen Alltag entrückt zu sein scheinen. In »rosa« Räumen im romantischen Stil finden sich grazile, verzierte Möbelstücke und zerbrechlich wirkende, aber im Kern solide Stücke, wie pastellig lackierte Eisengestelle oder hell lasiertes Holz. Sie sind genauso »rosafarben« wie Anleihen an das Rokoko oder venezianischen Barock mit ihren betont zierlichen, verspielten Elementen, dem Zierrat und Stuck. Aubusson-Teppiche, zarte Textilien, delikate Porzellanfiguren sowie florale Designs in Pastellfarben sprechen ebenfalls eine rosafarbene Sprache.

Mode kurz und knapp:
Rosa prägt einen bezaubernden, gefälligen Stil mit romantischen Designs und verspielten Elementen wie Volants und Schleifen. Wildleder und duftige, aber griffige Stoffe wie Spitze, Tüll und Crêpe umschreiben den Charakter der Farbe genauso wie zarte Blütendrucke, Pudertöne und verspielter, filigraner Schmuck.

Dunkelrot/Burgunder: Kultivierte Eleganz

Kultivierte Sinnlichkeit Wie die edlen Weine, denen der Farbton seinen Namen verdankt, strahlt Burgunderrot eine kultivierte Eleganz aus. Die starke, ursprüngliche Kraft von klarem Rot wandelt sich, wird es mit Weiß aufgehellt, in die verfeinerte, lichte Form von verliebtem Rosa. Wird die reine Kraft von Rot auf der anderen Seite jedoch mit dem schwarzen Pol konfrontiert, entwickelt sich daraus die verhalten sinnliche Prägung seiner gedämpften, abgedunkelten Nuancen. Die offensiv-sinnliche Wirkung von Blutrot ist bei den weinroten Farbtönen abgeschwächt – oder besser: überführt worden zu einer erwachsenen, zurückhaltenden Sinnlichkeit.

Kühles Dunkelrot Der Farbton Burgunder steht dabei für die kühlen, eleganten Dunkelrottöne mit einem leichten Blaustich, die stets leicht reserviert wirken. Ihnen ist noch die Präsenz von klarem, dynamischem Rot eigen, sie sind aber seiner dominanten Strahlkraft beraubt; dafür haben sie eine gediegene, kultivierte Qualität dazugewonnen. Mit Burgunderrot hat man seinen Platz in der Welt gefunden und strahlt ein gewachsenes Selbstbewusstsein aus, das im schlimmsten Fall elitär, jedoch nie kompromisslos wirkt wie reines Rot.

Warmes Dunkelrot In die Kategorie der dunklen Rottöne fallen auch die wärmenden, erdigen Rotbrauntöne wie ein klassisches Englischrot, denen durch das Spiel ins Bräunliche ebenfalls die harten Kanten von Rot abgeschliffen wurden und die deutlich verträglicher sowie weniger zwingend wirken. Mit dem verstärkten Erdbezug legt man hier zudem Wert auf Besitz und bleibende Werte, weswegen sich in den Häusern von Liebhabern der Farbe häufig kostbare Antiquitäten oder edle Teppiche finden.

Repräsentativer Stil Die kultivierte Qualität der dunklen Rottöne drückt sich generell in mondänen, repräsentativen Stücken aus, die durch eine elegante Formensprache überzeugen. Der teils monumentale Show-Charakter von reinem Rot ist hier abgeschwächt worden in etabliertere, deutlich weniger provokante Varianten. Statt einer kompromisslosen Linienführung dominieren bei den dunklen Rottönen gediegene und sanft geschwungene Formen. Statt wuchtiger Schwere setzt Burgunder auf edle Raffinesse. Es legt zwar nach wie vor Wert auf massive Materialien, doch das unverfälscht Rohe von Blutrot wurde in den Burgundertönen in einen geschmackvollen, etablierten Stil überführt.

Vokabeln

Sinnlich, luxuriös, nobel, edel, etabliert, kultiviert, gediegen, erwachsen, zeitlos, elegant, stilvoll, mondän, elitär, souverän, Perfektion, geschmackvoll, klassisch, repräsentativ, anspruchsvoll, kostbar, warm, reichhaltig.

Raumgestaltung – repräsentativer Rahmen

Reiche Weinrottöne schenken jedem Raum lebendige Wärme, ein Gefühl von Intimität und gleichzeitig eine noble Aura. Gerade Esszimmer in tiefen Burgundertönen sind ein Garant für ein elegantes und effektvolles Interieur, das zwar anregend wirkt auf Appetit und Unterhaltung, aber die Stimmung nie zu hitzig werden lässt. Auch Schlafräume, die parallel als Arbeits- oder Lesezimmer genutzt werden, profitieren von den edlen Rottönen, die nur mäßig anregend wirken - dynamisch genug, um darin arbeiten zu können, und gedämpft genug, um Schlaf zu finden. Da dunkle Farben Räume jedoch erbarmungslos verkleinern und schnell drückend wirken, kann man die Wirkung einer einzelnen Wand oder einer größeren Fläche in tiefem Rot auch durch die Entsprechungen der Farbe in Möbelstücken und Stoffen verstärken für denselben Effekt von souveräner Grandezza.

Das tiefe Rot hat nicht nur rein optisch kaum mehr etwas mit zartem Rosa gemeinsam. Mit Burgundertönen ist man nicht mehr auf der Suche nach einem sicheren Rückzugsort, sondern man hat ihn bereits gefunden. Man schwelgt hier in warmen, sinnlichen Stilen, die jedoch stets erwachsen und edel wirken. Bordeauxtöne verlangen nach eleganten und luxuriösen Interieurs mit exquisiten, wertvollen Möbelstücken, die Stil und Kultur atmen. Mahagonikonsolen, antike Sekretäre, Holztäfelungen, Seidentapeten, dezent gestreifte oder klassisch ornamentale Musterungen, dunkles Echtholzparkett und Perserteppiche wären Teile einer klassisch dunkelroten Einrichtung. Typisch »rotes« Leder begegnet einem hier nurmehr in seiner gediegenen, gezähmten Variante als Bezug für geschmackvolle Clubsessel.

Dennoch gehören auch die kultivierten Weinrottöne zur Farbfamilie von dominantem Rot. Die wertvollen Antiquitäten von Burgunderrot drängen sich zwar nicht mehr ungefragt in den Vordergrund wie »blutrote« Möbelstücke, doch der Wunsch, (stilvoll) aufzufallen und zu repräsentieren, ist auch Burgunderrot nicht fremd. Genauso haben die edlen Materialien wie Damast, ägyptische Baumwolle und Edelhölzer zwar nur eine verhalten sinnliche Qualität, aber auch burgunderrote Textilien verführen dazu, sie zu berühren. Und die großformatigen Ölgemälde über dem marmornen Kamin drängen sich zwar nicht ungefragt in den Vordergrund, doch die Werke etablierter und gesellschaftlich anerkannter Künstler dienen auch einem Burgunderrot als Prestigeobjekte.

Ein burgunderroter Stil ist dennoch stets deutlich zurückhaltender als das laute, kompromisslose Blutrot. Statt auf nicht zu übersehende Einzelstücke mit harten, kraftvollen Formen zu setzen, ist die gediegene Einrichtung in Burgunder vielmehr in sich geschlossen. Die Raumelemente harmonieren und korrespondieren miteinander. Themen in Variationen und die eingesetzten Farben werden immer wieder aufgegriffen, um ein stimmiges Gesamtbild zu schaffen, das die für die tiefen Rottöne typische gediegene Ruhe und (Stil-)Sicherheit ausstrahlt.

Mode – stilvolle Verführung

Reiche, edle Burgundertöne sind die perfekte Alternative zu Schwarz. Sie wirken festlich und souverän, ohne die Tristesse von Schwarz zu verbreiten. Dass viele dennoch vor Weinrot zurückschrecken, liegt sicherlich an seiner leicht konservativen Wirkung. Der Farbton macht zudem schnell alt oder wirkt allzu winterlich – was noch unterstrichen wird von dem Effekt, den dunkle Farben generell haben: Sie können blass machen. Eine Garderobe, die die stilvolle Eleganz von Burgunderrot abbildet, kommt aber auch ohne tatsächlich tiefrote Stücke aus.

Burgunder prägt eine Frau, die sich ihrer Weiblichkeit absolut bewusst ist, sie aber nie frivol und offenherzig zur Schau tragen würde, sondern stets auf Stil bedacht ist. Die Frau, die man vor sich sieht, wenn man an Burgunder denkt, ist der Inbegriff von kultivierter Weiblichkeit, die perfekte Symbiose aus Eleganz und Sinnlichkeit. Sie trägt ausgesprochen ladylike Kleidungsstücke – begleitet von einem klassisch-eleganten, aber auch schweren und intimen Duft.

Burgunder entspricht ein verhalten sinnlicher Stil, der elitär, selbstbewusst und zeitlos wirkt. Die Kleidungsstücke sind stets von einer erwachsenen, gediegenen Ausstrahlung, da die teils provokante Sinnlichkeit von reinem Rot in den tiefen Weintönen genauso gedämpft ist wie deren Leuchtkraft. Eine elegante Robe aus weich fließendem Samt mit einem Dekolleté, das durch leicht transparenten Stoff »entschärft« wurde, entspricht zum Beispiel der damenhaften, kultiviert-sinnlichen Qualität von Burgunder. Im Alltag findet sie ihr Äquivalent in klassischen Etuikleidern oder in schlichten, edlen Hosenanzügen – schließlich bleiben alle Rottöne maskuline Farben.

Typisch »rote« Lederjacken werden nur in klassischen Formen getragen, enge Röcke bedecken das Knie, und Schmuckstücke oder einzelne auffällige Accessoires wie eine edle Ledertasche, ein Pashmina-Schal oder eine wertvolle Uhr beschränken sich, obwohl auffällig, auf edle Klasse.

So edel und souverän wie die Farbe selbst fallen auch die Stoffe aus. Man wird keine wilden Musterungen oder minderwertige Qualität finden. Burgunder entsprechen vielmehr edle Materialien wie Seide, Alpaka und Kamelhaar. Ebenfalls passend sind voluminöse, aber glatte Tuchstoffe, Samt oder Kaschmir in schlichten Ton-in-Ton-Mustern oder klassischen Paisleys. Die Farbpalette beschränkt sich passend dazu auf die »klassischen Neutralen« wie Beige, Camel, Creme und Ecru mit dunklen Akzenten.

Übersicht

Raumgestaltung kurz und knapp:
Burgundertönen entsprechen geschmackvolle, repräsentative Einrichtungen mit wertvollen Antiquitäten, gediegenen Ledersesseln, Echtholzparkett und Perser-

teppichen. Typisch sind auch großformatige Ölgemälde, Kamine, Holztäfelungen, Seidentapeten und dunkle Edelhölzer wie Mahagoni. Sie bilden zusammen mit verhalten sinnlichen, luxuriösen Wohntextilien den Rahmen, in dem sich das elegante Ambiente eines burgunderroten Stils ausbreiten kann.

Mode kurz und knapp:
Hier finden sich elegante, stilvolle Stücke, die ausgesprochen damenhaft wirken, wie Etuikleider und klassische Hosenanzüge. Passend für kultiviertes Burgunderrot sind eine gedeckte Farbpalette und verhalten sinnliche sowie edle Textilien. Ergänzt werden sie durch apart gemusterte Seidentücher, schlichte Lederpumps und geschmackvollen, dezenten Goldschmuck oder einen klassischen Solitärring.

Von der sanften Berührung eines Apricot bis zum festen Händedruck von Terrakotta: **Die Orangetöne**

Orange ist eine Farbe, die aus schierem Schneid über die Stränge schlägt und mit berauschender Verschwendung und Fülle eine (…) Dynamik ausstrahlt, die (…), überschäumend, alles übertönt, alles zugleich ausspricht.

Alexander Theroux

Orange ist Gelb und Rot – es ist Licht und Wärme.

Mittelorange/Bauhausorange: Kreative Fröhlichkeit

(Orange-)Goldene Mitte Bei einem Bauhausorange denke ich an den Farbton sonnenwarmer, reifer Floridaorangen – die ungefähre Mitte zwischen feurigem Blutrot und strahlendem Zitronengelb. Es ist ein warmer Ton, der zu changieren scheint zwischen seinen beiden Enden und gerade daraus seine Faszination bezieht. Rot und Gelb schimmern beständig an der Oberfläche, wenn sie sich bei ihrem lebhaften Tanz umeinander drehen. Denn das animalische Feuer von Rot wurde in Orange noch nicht vollständig gelöscht durch das verstandesbetonte Gelb, und was bleibt, ist ein intensives Glühen, orange Glut, die jederzeit wieder aufflackern kann.

Orange hat allerdings nichts mehr gemein mit der verzehrenden roten Hitze. Es ist deutlich biegsamer als kompromissloses Rot und zugleich wesentlich weniger grell und stechend als Gelb. Orange ist im Gegensatz zu Rot weniger barsch und wirkt nicht so sehr auf der körperlichen Ebene, sondern ist ein Gemütsaufheller. Gleichzeitig ist es weit weniger kopflastig als Gelb und entzieht sich konstant jeder rein rationalen Analyse. Orange gilt vielmehr als die Farbe der Intuition und des »Bauchwissens«, da es instinktives Rot und rationales Gelb in sich vereint. – Orange ist die goldene Mitte. Orange hat alles, es ist des Kaisers Kind.

Quintessenz aus Rot und Gelb Spritziges Orange ist wie ein gut geschüttelter, gelungener Cocktail: Die kraftvolle, aber auf der Stelle tretende Aktivität von Rot gewinnt durch Gelb an

Leichtigkeit und Esprit. Das sich ziellos verströmende Gelb bekommt auf der anderen Seite durch die Verbindung mit Rot zumindest die Fußspitzen auf die Erde und findet sich in tanzendem Orange wieder. Es ist bewegte Materie, sichtbar gemachte pure Energie: *schnell, wendig und quicklebendig.* Geboren aus den beiden gegensätzlichen Impulsen von Rot und Gelb, die umschrieben werden können mit statisch und unbeständig, instinktiv und intellektuell, ist Orange die Quintessenz aus beiden: *elastisch und intuitiv.*

Argloses Orange drückt sich bei Menschen, die die Farbe lieben, auch in einer gewissen Unbekümmertheit aus, was die Meinung anderer angeht. Es sind aber genau diese Unabhängigkeit, das Pochen auf Individualität sowie der Mut, das Neue zu wagen und dabei ungemein enthusiastisch zu wirken, was die Faszination von Orange ausmacht. Es ist nicht Fleisch und nicht Geist, sondern reines Gefühl – Orange ist rote Kraft, die durch gelbe Leichtigkeit in Bewegung gesetzt wurde: E-motion.

Lebensfreude Orange singt, es lacht und tanzt. Es hält sich nicht zurück, sondern geht optimistisch und mutig auf die Welt zu in dem sicheren Glauben, dass ihm jeder genauso freundlich und offen begegnen wird. Denn ganz im Gegensatz zu seinem Komplementär Blau, das distanziert und nach innen gerichtet ist, strebt Orange nach außen. Es sucht die Begegnung und Geselligkeit. Und wo ein Rot einschüchternd und zu kraftvoll wirken würde, schafft das kontaktfreudige Orange eine unkomplizierte Ebene, auf der ein lebhafter Austausch möglich ist. Vibrierendes Orange weckt Assoziationen von Partys an sonnigen Stränden, Karneval, Jahrmärkten, Festivals und allem, was Spaß macht. Leuchtendes Orange ist die sichtbar gewordene »Leichtigkeit der Dinge«. Es ist die Lust auf Leben, eine unbändige, vibrierende Energie, die ekstatisch und belebend wirkt.

Lebendigkeit und Ruhe Eine der in meinen Augen treffendsten Beschreibungen zu Orange stammt von dem amerikanischen Essayisten Alexander Theroux: »Orange ist hörbar, laut und sangesfroh, grenzenlos, selbstsicher, eigenwillig und durchsetzt mit freudiger Neuerfindung, unbekümmert in tropischer Nonchalance. Es hat Üppigkeit und unverschämte Verve und eine unnachahmliche Frechheit, eine konvex geschliffene Farbe und Form, sprudelnd vor Lebenslust und süß wie Hesperidin, auftrumpfend mit Kraft und Feuer. Aber es kann auch sanft sein.« Saftiges Orange ist »kicking with life«, es ist jugendliches Charisma und singendes Leben. So sehr man sich auch bemühen würde, es gibt kein kühles Orange, sondern jede Nuance dieser Farbe ist stets warm, lebendig und energetisch.

Wie alle Mischfarben, die genau die Balance halten zwischen ihren beiden Ausgangspolen, strahlt ein Mittelorange bei aller Lebendigkeit aber auch eine gewisse Ruhe aus, geboren aus der perfekten Mitte zwischen Rot und Gelb.

Interesse an Neuem Ein Codewort bei Orange ist *neu.* Die Farbe ist untrennbar mit Modernität verknüpft sowie mit dem Interesse an allem, was innovativ und schlicht anders ist. (Vielleicht wurde damals, als Plastik als neuer Werkstoff eingeführt wurde, aus diesem Grund unbewusst fast jedes neue Produkt aus Kunststoff in Orange angeboten.) Menschen, die Orange mögen, sind immer interessiert an Neuerungen und ausgefallenen Ideen. Selbst ausgesprochen experimentelle Entwürfe werden beweglichem Orange gefallen, das sich ausprobieren, erleben – eben experimentieren – will.

Kreativität und Kreationen Orange steht aber nicht nur für die Aufnahme, sondern auch für die Verbreitung neuer Gedanken. Es umfasst alle Neukreationen, die den Rahmen dessen sprengen, was bisher da war, seien es neue Entwicklungen in der Technik oder außergewöhnliche Kunstströmungen. Orange manifestiert sich in kreativen Schöpfungen, die zwar durchdacht, aber eher intuitiv, aus dem Bauch heraus entstanden sind. Die abstrakten Ideen von Gelb finden durch die Tatkraft von Rot ihren Weg in die Wirklichkeit, sie werden sicht- und greifbar gemacht – und zu Papier gebracht. Umgekehrt belebt Gelb mit seinen geistreichen Impulsen die statische rote Materie, bringt sie in Bewegung und gibt ihr Bedeutung. Überdies entsteht aus der Sicherheit von Rot und dem Wissen um den brillanten Verstand von Gelb auch der Mut, der unabdingbar ist, um mit innovativen, teils revolutionären Ideen an die Öffentlichkeit zu treten.[13] Die Kreativität von Orange kann sich dabei sehr spontan äußern, oder intuitive Eingebungen werden augenblicklich verwirklicht, wodurch vollkommen neuartige, originelle und fantasievolle Schöpfungen zur Welt gebracht werden.

Gefühl und Intuition Theroux bemerkt an einer Stelle seines Essays über Orange, dass es eine durch und durch unromantische Farbe sei, die sich humorvoll, albern, verspielt und auch extravagant gebe und mit dem schüchternen Augenaufschlag Verliebter genauso wenig anfangen könne wie mit melancholischem Liebesleid.

Jemand, der Orange liebt, kann zwar auch von starken Emotionen beherrscht werden, hat aber einen flexiblen Geist und ein ausgesprochen gutes Bauchgefühl, auf das er sich verlassen kann. Er ist zudem noch spontan genug, um unbekümmert an die Dinge heranzugehen, bevor der orange Farbimpuls noch weiterschreitet und ganz zu dem verstandesorientierten Gelb wird. In Orange liegt der Fokus jedoch noch vielmehr darauf, sich zu erleben, etwas und auch sich selbst (neu) zu erschaffen – mit einer nicht zu bremsenden Agilität und Dynamik, die mitreißend und verjüngend zugleich wirkt.

Farbe der Lust Die Sinnlichkeit von Rot schimmert in Orange nach wie vor durch, doch fehlt ihr die erdige Leidenschaft. Die Körperlichkeit von Orange zeigt sich weniger direkt und intensiv als bei Rot, ist aber auch weniger kopflastig als reines Gelb. Es ist vielmehr eine verspielte Sinnlichkeit, die so sehr mit der Natur von Orange verschmolzen ist, dass sie jung, wild und unverfälscht wirkt. In der Chakrenlehre gilt das orangefarbene Energiezentrum als Sitz der Sexualkraft – aus der *neues* Leben hervorgeht. In Orange trifft zudem die rein physische Intensität von Rot den fast körperlosen Aspekt von Gelb: Reine Potenz verschmilzt mit der reinen Idee. Lustvolle Gedanken oder Liebestechniken wie Tantra, die Körper und Geist gleichermaßen ansprechen, sind daher strahlend orange.

Es wundert auch kaum, dass Orange in der Antike und im Mittelalter als Farbe der Liebe und der Lust galt. Liebende glaubten an die sinnliche Macht von Orangenaromen und badeten in Orangenblütenwasser; Kurtisanen besprengten die Laken damit. Im Deutschland des 14. Jahrhunderts galten Orangen, von Verehrern statt Blumen gebracht, sogar als Liebesbeweis. Allerdings ließ eine deutsche Maid für ihren Verehrer dann leider auch kein zartes Taschentuch vom Balkon fallen, sondern eine handfeste Orange – ein deutscher Galan musste damals also definitiv gute Reflexe haben.

Orangefarbene Fünf Orange wird das Trapez oder Fünfeck zugeordnet, das sich aus der Kombination von rotem Quadrat und gelbem Dreieck ergibt, ebenso Pyramiden[14] und Sternformen – Letztere entstehen aus blitzartig (gelb) getroffener Materie (rot). Dabei strömt die Energie von Orange nicht ziellos nach allen Seiten wie die von Gelb, sondern findet ihre Form in der Mitte zwischen gelber Unendlichkeit und rotem Punkt. Die Zahl Fünf, die in allen drei Formen eine maßgebliche Rolle spielt, steht zudem für Fortschritt und Weiterentwicklung, ganz der Qualität von innovativem Orange entsprechend. Daneben ist die Fünf die Zahl des Menschen, der in Leonardo da Vincis berühmter Proportionsstudie den Fünfstern nachbildet. Hajo Banzhaf führt in seiner *Symbolik und Bedeutung der Zahlen* aus, dass die vier Gliedmaßen den vier Elementen entsprechen und der Kopf das fünfte Element darstellt, die *quinta essentia.* Analog zu Orange und dessen Geburt aus irdischem Rot und geistigem Gelb steht der Mensch in da Vincis Fünfstern mit beiden Beinen fest auf der Erde, während Arme und Kopf in den Himmel ragen, womit er Erde und Geist in sich vereint.

Parallelen zur Renaissance Überhaupt kann man fortschrittlichem Orange eine gewisse Verwandtschaft mit der Renaissance und deren Idealen zugestehen. Mit der Überwindung des frömmelnden Mittelalters und dem Wiederauferstehen der antiken Ideale stand der Mensch als Krone der Schöpfung im Mittelpunkt. Das erstarkte Selbstbewusstsein der Menschen führte in der Renaissance neben der Betonung des Geistes auch zu einem neuen Körperbewusstsein; der Körper und dessen Aussehen wurden nicht mehr vernachlässigt. Das entspricht auch dem Charakter von Orange, das sich zwar bereits interessiert in den geistigen Sphären von Gelb umgesehen hat, dabei aber noch auf sicheren roten Füßen steht.

Vokabeln

Modern, neu, innovativ, fröhlich, lebhaft, unernst, freigeistig, individuell, unverfälscht, unkonventionell, originell, kreativ, unkompliziert, schnell gelangweilt, ungeduldig, verspielt, extrovertiert, überschwänglich, sozial, gesellig, gut gelaunt, energiegeladen, vitalisierend, spritzig, vibrierend, spontan, Lebensfreude, Lebensbejahung, enthusiastisch, lustvoll, verspielte Sinnlichkeit, intuitiv, jung, fruchtig, saftig, Mut, warm, maskulin.

Raumgestaltung – Individualität ist Trumpf

Betritt man in Orange gehaltene Räume, fühlt man sich augenblicklich beschwingt und belebt, sie wirken jung und modern. Selbst Räume, die wenig Tageslicht abgekommen, wirken in Orange wie sonnendurchflutet, und man empfindet sie sogar als warm. Da Orange nicht nur die Kreativität anregt, sondern auch die Geselligkeit fördert, ist es eine ideale Farbe für Kinderzimmer, Wohnräume und Küchen. Auch angrenzende Esszimmer profitieren von der Farbe, die den Appetit anregt. Orange weckt die Lust auf Genuss in angenehmer Runde – und das Essen soll sogar besser schmecken in einem orangefarbenen Umfeld.

Ist Ihnen leuchtendes Orange allerdings zu viel für eine ganze Wand oder größere Fläche, können Sie die frische Kreativität von Orange auch durch ein ungewöhnliches, leicht exzentrisches Element einbringen, das schlicht neu, unkonventionell und anders ist. Neben individuellen Einzelstücken spricht auch ein Umfunktionieren von Möbelstücken die Sprache von Orange. Typisch Orange wäre beispielsweise eine Cocktailbar, die zusammen mit der umfangreichen Spielesammlung (verspieltes Orange) und -konsole (fortschrittliches Orange und neue Technik) in einem ausgedienten Tabernakel untergebracht ist. Das mag manchem die Farbe aus dem Gesicht weichen und ihn mit blutleeren Lippen »Blasphemie« hauchen lassen, aber auch das ist Orange: das Überkommen von alten Gewohnheiten und vor allem die Abkehr von jeder Tradition, jedem dogmatischen Denken – was nicht respektlos aufgefasst werden sollte. Es drückt lediglich die zukunftsorientierte Energie der Farbe, die Liebe zum Neuen, Freien und Originellen aus.

Die Betonung der Individualität ist ein Hauptthema von jungem Orange, das sich gerade erst gefunden hat nach seiner Geburt aus Rot und Gelb und sich in seinem Umfeld ausdrücken, wiederfinden möchte. Orange prägt ein zwangloser, experimenteller Stilmix, der Persönlichkeit ausdrückt. Es ist hier keine Seltenheit, orientalische Muster neben avantgardistischen Lacktischen zu finden oder einen Sessel wie von der Kommandobrücke des Raumschiffs Enterprise, auf dem dann ein handgeklöppeltes Kissen von Tante Mimi in den irischen Landesfarben thront – solange es gefällt und anders ist.

Orange sprüht nur so vor Leben und Energie, die es auch gerne mit anderen teilt, weswegen alles, was die Geselligkeit von sozialem Orange fördert, willkommen ist: ausreichend Sitzgelegenheiten für viele Freunde oder eine offene Küchenlösung, die die Kommunikation zwischen den Gästen im Wohnraum und dem Gastgeber am Herd nicht unterbricht. Ein im Stil von Orange gehaltener Raum strahlt ein freudiges Willkommen aus, und orangebetonte Menschen behalten nicht nur das geistige, sondern auch das körperliche Wohl ihrer Gäste im Auge. In »orangefarbenen« Interieurs wird es in den gemütlichen Sitzecken, zusammengewürfelt zum Beispiel aus (gelben) schlanken Lackstühlen und (roten) massiven Lederhockern, neben anregenden Gesprächen auch immer etwas – meist Ausgefallenes oder Exotisches – zu essen geben.

Der gelbe Part trägt also den Geist sowie das Leichte und Freundliche in die Räume – »orangefarbene« Räume sind warm und sonnendurchflutet und optimalerweise nach Süden und Westen ausgerichtet. Abends werden sie so tatsächlich in sämtliche Schattierungen der Orangepalette getaucht, und man kann über die Verbindung von Geist und Körper nachdenken, während man die tiefen Orangetöne am Himmel betrachtet. Das rote Erbe sorgt für die nötige Bodenhaftung. Einzelne schwere Holzmöbel oder Stücke aus Stein und (modernem, daher orangefarbenem) Beton setzen überall im Raum Anker. Dabei entsprechen etwa kubische (rote) Formen, die modern und nicht alltäglich sind, ebenfalls dem Charakter von innovativem Orange. Passende Materialien sind ohnehin alle modernen Werkstoffe wie Plastik oder auch – elastischem Orange entsprechend – Gummi.

Überwunden ist hier allerdings die harte, kompromisslose Formensprache vom roten Vater, der zudem eher daran erinnern würde, ein materielles Polster zu schaffen und in bleibende Werte zu investieren statt in leicht wackelige, aber ungewöhnliche Plastiksessel, die besser in einer Ausstellung für abstrakte Kunst stehen sollten. Junges, trendiges Orange wird daneben nicht auf bekannte Maler setzen, die sich in der Vergangenheit bereits einen Namen gemacht haben, sondern viel eher auf die Bilder von jungen, aufstrebenden Künstlern – und so auf die Zukunft – bauen. Oder es wird seine eigenen Schöpfungen an die Wände hängen, die sich im Keller stapeln dürften.

Ähnlich wie Rot hat sich auch Gelb als Teil von Orange verwandelt. In den farbenfrohen Bücherregalen finden sich nicht mehr die intellektuellen Höhenflüge und philosophischen Werke der gelben Mutter, sondern dort stehen Bücher, die Spaß machen, wie humorvolle und ironische Romane. Orange nimmt sich selbst nicht zu ernst und will vor allem den Spaß am Leben nicht verlieren.

Eine unkomplizierte »orangefarbene« Einrichtung ist damit losgelöst von Konventionen und wirkt wie die erste eigene Wohnung des Kindes, das gerade von zu Hause ausgezogen ist: Zwischen wenigen von den Eltern übernommenen Stücken, wie dem wuchtigen Ledersessel, der massiven, antiken Holzkommode und stapelweise Büchern, tummeln sich aufblasbare Sessel, lässige Teppiche und lustige Figuren von einem Jahrmarktsbesuch mit Freunden. Daneben gibt es viel freie Fläche für all das, was dem kreativen Potenzial von Orange noch einfallen wird. Da Orange zudem schnell gelangweilt ist, muss die Einrichtung nicht nur individuell und originell, sondern auch wandelbar bleiben – eben so lebendig wie die Farbe selbst.

Mode – unkomplizierte Extravaganz

Als ich vor Jahren mit leuchtend orangefarbenen Schuhen durch die Stadt gelaufen bin, schien die Frau am Kiosk Mühe zu haben, ihren ungläubigen Blick direkt darauf zu richten – und meine Freundin attestierte mir schlicht Mut. Heute wirkt Orange in der Mode zwar immer noch flippig, modern und jung, gilt aber mittlerweile als tragbar. Man wirkt in orangefarbener Kleidung auf andere sogar gut gelaunt, aufgeschlossen und kontaktfreudig. Die Farbe verlangt allerdings nach einem generell kreativen Kleidungsstil, in den sie sich nahtlos einfügen kann, um nicht einfach nur grell und aufdringlich zu wirken. Fühlt man sich nicht zum buddhistischen Mönch berufen, ist leuchtendes Orange aber ohnehin keine Farbe, in die man sich jeden Tag von Kopf bis Fuß hüllen möchte. Stattdessen bieten sich orangefarbene Accessoires an oder Kleidungsstile, die die Farbe in Mode übersetzen. Gelb steuert hier den Esprit bei, Rot sinnliche Stoffe oder verführerische Schnittführungen. Heraus kommt ein junger, unkonventioneller und verspielt sinnlicher Stil, der offen ist für innovative Anregungen.

Orange entsprechen sexy Korsagen zu Armeehosen und Turnschuhen, genauso figurbetonte Jacken, Tuniken oder auch altmodische Reitjacken, die kombiniert werden mit lässigen, jugendlichen Jeans, modischen Pluderhosen oder Lederleggins. Seinem jugendlichen Leichtsinn entsprechend gibt sich Orange immer ein bisschen unangepasst bis verrückt, zum Beispiel mit einem altmodischen Cape beim Einkaufen, einer quietschgelben Krawatte bei einem konservativen Empfang oder Cargohosen zur Abendgesellschaft – weil es gefällt und als individuell betrachtet wird. Unbekümmertes Orange trägt, was dem eigenen Geschmack entspricht beziehungsweise was der momentanen Laune am besten Ausdruck verleiht. Das kann dann auch in lässigen Jogginghosen und flippigen Sneakern zu einem konservativen Blazer enden, beschreibt dabei aber die extrovertierte, fröhliche und nonkonformistische Qualität von Orange.

Ebenfalls denkbar: Knappe oder verführerische Oberteile werden ironisch gebrochen und drücken so in den Details die für Orange typische spielerische Note aus. Extravagante Paspelierungen oder lustige Aufnäher und Schriftzüge rücken den Look in eine unangepasste Kategorie. Ganz anders ginge zum Beispiel ein ebenfalls junges, freches Pink vor, das jede Kurve bewusst und leicht frivol in Szene setzen würde. Orange aber schwächt die Wirkung eines eigentlich verführerischen Outfits bewusst ab, um seinen lässigen, unverbindlichen Stil beibehalten zu können. Daher würde ein kreatives Orange einen Raubtierdruck zwar einsetzen, aber nur als auffälliges Detail, als augenzwinkernde Anspielung auf sein rotes Erbe, welches das Leomuster durchaus selbstbewusst und pur tragen würde. Orange dagegen schmälert die Wirkung wieder bewusst und trägt dazu Turnschuhe mit Jeans und umgibt sich nicht mit einem verführerischen Duft, sondern mit einem ausgeprägt spritzig-fruchtigen Parfüm, das belebt und eine spielerische, unverfälschte Sinnlichkeit ausstrahlt.

Da es rein um die Betonung der Individualität geht und bei Orange kein Wert auf Prestige gelegt wird, passt zum »orangefarbenen« Stil auch Modeschmuck jeder Couleur. Zudem ist ein Orange schnell gelangweilt sowie beständig auf der Suche nach Neuem, weswegen es sich ohnehin kaum lohnen würde, in kostspielige Stücke zu investieren. Stattdessen passen ungewöhnliche Ohrringe aus gefleckten Federn, bunte Ketten aus Kunststoffperlen oder überdimensionale Cocktailringe mit Totenkopfmotiven – am besten zu einem ansonsten relativ konservativen Ensemble. Die junge, verspielte Energie und die Lust an der augenzwinkernden Provokation sind typisch orange.

Das Interesse an allem, was neu ist, die Affinität zu Technik und damit zusammenhängend der Hang zu modernen Materialien setzen sich auch bei den Stoffen fort, weshalb sich die extravaganten Pluder- oder Jodhpurhosen, die trendigen Ballon- oder Tulpenröcke und die jungen Kapuzenshirts in ausgefallenen, modernen Hightech-Stoffen präsentieren – neben lässigen und vollkommen unkomplizierten Jerseys. Ähnlich wie in der Raumgestaltung passen auch Materialkombinationen, die die beiden Ursprungsfarben von Orange miteinander verweben, beispielsweise die neuen mit (»gelben«) Metalliclacken beschichteten groben (»roten«) Strickstoffe oder metalldurchwirkte Gewebe.

Doch Orange ist nicht nur Unangepasstheit und Moderne, obwohl es der vorwärtsdrängende Impuls von Gelb stetig nach neuen Ideen suchen lässt. Sondern dank seiner roten, statischen Anteile ist es ein spannender Mix, der sich in einer jungen, neuen, sehr individuellen Mode ausdrückt, die immer wieder auf bestehende Stile zurückgreift. Durch den beständig in höheren Sphären schwebenden Geist von Gelb haftet »orangen« Stilen dabei häufig eine gewisse Nachlässigkeit an, die jedoch zusammen mit der immer noch durchschimmernden Sinnlichkeit von Rot gerade die ungekünstelte, anziehende Wirkung eines orangefarbenen Looks ausmacht.

Übersicht

Raumgestaltung kurz und knapp:

Klares Orange prägt einen zwanglosen, ausgesprochen individuellen Mix, auf den Begriffe wie experimentell, stylish und trendy passen. In den fröhlichen Räumen finden sich flexible Einrichtungslösungen, umfunktionierte, unkonventionelle Möbelstücke, technische Spielereien, gemütliche Sitzecken sowie ein Stilmix aus roten und gelben Aspekten, wie kubische Lederhocker neben schlanken Lackstühlen. Werke junger Künstler und selbst gebaute, entworfene oder gemalte Stücke runden das Bild ab.

Mode kurz und knapp:

Eine junge, auffallend individuelle Mode mit Esprit, die sich betont extravagant und verspielt gibt und mit ironischen Details akzentuiert wird. Es ist ein Stil für unangepasste, kreative Persönlichkeiten, die es verstehen, selbst konservative Teile so zu kombinieren, dass daraus ein trendbewusster, stylisher, ungekünstelter und ab und an auch (nach-)lässiger Stil entsteht. Modeschmuck und moderne Materialien wie Hightech-Stoffe sind wichtige Elemente.

Hellorange/Apricot: Weiche Sanftmut

Synonym für sanft und weich Apricot ist sichtbar gemachte Sanftheit. Es ist die weiche Decke, in die man sich schmiegt, während man in üppige Polster sinkt und durch die geöffneten Fenster die erste warme Frühlingssonne genießt. Apricot zählt zwar auch zu den warmen Farben, aber man empfindet es allenfalls als lauwarm oder angenehm temperiert.
Milde Unkonventionalität Blasses Orange hat eine sanft wärmende, umfangende Qualität, die freundlich und wohltuend wirkt. Der Farbton strahlt etwas Lichtes und Weiches aus – es ist eine harmonische Farbe, der die spontanen, teils skurrilen Einfälle von reinem Orange fremd sind und die vielmehr eine überlegte, sanfte Präsenz ausstrahlt. Apricot ist »verfeinerte Unkonventionalität«, die den originellen, aber bei Orange teils beziehungslosen Zusammenschluss zweier starker Energien bereits hinter sich gelassen und eine eigene Handschrift entwickelt hat. Rot und Gelb sind in Apricot nicht nur verschmolzen, sondern auf eine höhere, verfeinerte Ebene gehoben worden.

Zarter Charme Hellorange hat Charme, besonders wenn man an einen leicht ins Rosafarbene abdriftenden Pfirsichton denkt. Doch selbst in ihm schwingen bei aller Sanftmut noch der Schwung und Elan von reinem Orange mit: Ein Hellorange ist lediglich die mildere, zurückhaltendere Variante der energetischen Reinform. Doch wo brillantes Orange tanzt und lacht, wiegt sich Apricot leise lächelnd sanft im Takt. Wo reines Orange eine verspielte, aber nicht zu leugnende Sinnlichkeit ausstrahlt, weckt Apricot eher das Bedürfnis nach Wärme und Zärtlichkeit.

Auch das soziale Bewusstsein von Orange wird hier konsequent fortgeführt, teilweise sogar so sehr, dass es Menschen, die eine Vorliebe für Apricot haben, schwerfällt, sich selbst genauso viel Aufmerksamkeit zu schenken wie anderen.

Freundlichkeit und Zurückhaltung Generell warten die hellen, dem Weiß zustrebenden Farben, bis man sich ihnen zuwendet, statt sich wie die reinen Töne ungefragt in den Vordergrund zu drängen. Die dunklen Töne locken in ihre Tiefen, damit man dort ihren Geheimnissen auf den Grund gehen kann; sie wollen entdeckt werden, das heißt, sie verlangen, mehr noch als die klaren Farben, nach Beachtung. Aufgehellte Nuancen wie Apricot dagegen sind sich selbst genug. Ein Apricot weiß um seine Qualitäten und ist von der Gefallsucht von leuchtendem Orange befreit. Blasses Orange wartet daher in seiner leisen, zurückhaltenden Art geduldig ab, bis man seine sanfte Eleganz erkennt und zu schätzen weiß. Geht man dann auf es zu, erwarten einen ein freundliches Willkommen und weiche Sanftmut.

Vokabeln

Sanft, weich, anschmiegsam, flauschig, flaumig, zärtlich, liebevoll, umfangend, nährend, einladend, heiter, freundlich, charmant, licht, fein, wärmend, mild fruchtig, unaufdringlich, wohlgesinnt, mitfühlend, unkompliziert.

Raumgestaltung – ein Raum wie eine Umarmung

Apricot ist eine absolute Wohlfühlfarbe, und Flächen in diesem weichen, warmen Ton geben einem das Gefühl von Geborgenheit. Manche führen diese Farbwirkung darauf zurück, dass sanftes Hellorange die Farbe ist, die der Embryo im Mutterleib wahrnimmt. Das macht Apricot zu einer idealen Farbe für Kinderzimmer, doch auch in Schlafräume, die in blassem Pfirsich bis Lachs gehalten sind, zieht man sich gerne zurück. Im Eingangsbereich wirkt der Farbton elegant, sanft wärmend und einladend. Da die hellen Orangetöne allerdings oft nicht die erste Wahl von Männern sind, kann man in gemeinsamen Haushalten auf die Übersetzung der Farbe zurückgreifen für eine genauso weiche und harmonische Einrichtung, die das zurückhaltende, sanfte Temperament des Farbtons wiedergibt.

In Apricot hat Orange eine verfeinerte Ebene erreicht, auf der nach wie vor unkonventionelle Kreativität und die Lust am Neuen wirken. Für ein Apricot ist allerdings jede Massivität oder chaotische Ansammlung – und sei sie noch so originell, wie etwa der Stil-Clash von Orange – zu grob, zu hart.

Aus dem sanften Charakter der Farbe und der Abkehr von auffälligen Stilmixen ergibt sich ein zurückhaltender, harmonischer und intimer Einrichtungsstil in lichter, freundlicher und einladender Atmosphäre. Räume »in Apricot« wirken weit, hell und – um der luftigen Leichtigkeit der Farbe gerecht zu werden – nie überladen. Denn dem Weiß zustrebende Töne brauchen fast keine materiellen Dinge mehr um sich herum, weswegen gerade bewusst leer wirkende Räume, die Licht und Luft zirkulieren lassen, ideal sind: Es ist ein lichtes cremeweißes Wohnen mit komfortablen, hellen Sesseln mit weicher Polsterung zum Einsinken und soften Materialien, die dem harten Weiß die Kanten nehmen; prinzipiell eignen sich hier ohnehin eher die warmen Weißnuancen mit gelben oder roséfarbenen Untertönen, harmonisch ergänzt durch sanfte Puderfarben. Durch abgerundete Ecken sprechen auch die Möbelstücke eine weiche Formensprache. Bodenlange, halbtransparente Vorhänge, die das Licht filtern und Kontraste und harte Linien noch einmal mildern, schaffen eine helle, aber behagliche Atmosphäre. Sie überzieht den Raum mit einem angenehmen Leuchten, wie von innen heraus. Es wirkt weniger klar und strahlend als bei Orange, doch dafür ungleich sanfter.

Bei Orange fühlt man sich lebendig, angeregt, die Lust am Spiel wird geweckt. In »apricotfarbenen« Räumen hat man dagegen schlicht das Gefühl, nach Hause zu kommen, man fühlt sich wohl. Sie vermitteln ein sicheres, geborgenes Gefühl und strahlen eine sanfte Wärme und Intimität aus, ohne jedoch in irgendeiner Form einengend zu wirken. Im Gegenteil: Es sind unkomplizierte Raumgestaltungen, die keinen

Showroom-Charakter haben, sondern tatsächlich zum Wohnen einladen.

Nichtsdestotrotz findet sich der individuelle Touch von Orange auch noch in Hellorange. Apricot verlangt nicht nach avantgardistischer Moderne, aber doch nach neuen, besonderen und teils extravaganten Stücken, ganz in der Tradition seiner kreativen, allem Neuen gegenüber aufgeschlossenen Farbfamilie. Allerdings sind die ausgefallenen Kunstwerke oder Ähnliches – bei Drucken und Gemälden – meist in lichten Farben oder – bei Skulpturen und Vasen – in zarten Materialien wie weißem Porzellan oder auch milchigem Acryl gehalten.

Unifarbene oder sehr dezent gemusterte Wandgestaltungen sowie helles Parkett unter dünnen Seidenteppichen oder ebenfalls helle, feinflorige bis flauschige Auslegeware unterstreichen den ruhigen, weichen Charakter eines apricotfarbenen Raumes. Duftige, leichte Stoffe wie Voile oder feine Seide wirken luftig, aber auch weicher Kaschmir, feine Merinowolle, locker gestricktes Mohair, anschmiegsames, gewaschenes Leinen und softe Baumwolle sind ideale apricotfarbene Heimtextilien neben zarten Blumenarrangements in Pastelltönen, Kerzen, weichen Kissen und eleganten Plaids.

Mode – verspielte Eleganz

In der Palette der blassen Orangetöne findet sich für jede Frau ein Farbton, der ihr schmeichelt – rosagrundiges Pfirsich für die kühlen Typen, gelbliches Apricot für Frauen mit von Natur aus warmen Farben. Dabei wirkt jede der Nuancen immer warm und freundlich. Nicht so süß oder kindlich wie Rosa, sondern elegant. Nicht so grell wie Orange, sondern dezent. Doch sich ganz in Apricot zu hüllen mag sich in den eigenen vier Wänden wundervoll anfühlen, wie eine Umarmung. Aber es ist keine Farbe für die Jobgarderobe, wenn man im Beruf nicht zu weich und nachgiebig wirken möchte.

Übersetzt in Kleidungsstücke präsentiert sich Apricot deutlich zurückhaltender als reines Orange, das gerne augenzwinkernd provoziert und in einem unkonventionellen, kreativen Stil auflebt. Seine aufgehellte Variante gibt sich dagegen erwachsener, verfeinerter. Der hippe Stil ist verschwunden und einer eleganteren Handschrift gewichen – passend dazu meint *peachy* im Englischen auch »chic, schön«. Apricot zeigt seine sanfte Persönlichkeit nicht wie Orange in extravaganten Kleidungsstücken oder ausgefallenen Kombinationen. Es setzt eher auf innovative Materialien oder trendbewusste Schnittführungen an ansonsten schlichten, unifarbenen Kleidungsstücken, die bei aller Raffinesse nur noch leicht verspielt wirken. Apricot ist zwanglos, aber elegant.

Lediglich leicht ausgefallene Einzelstücke wie pure, einfarbige Pullover mit originellen Fledermausärmeln, zarte, trendige Volanttuniken zu schlichten Cardigans oder typisch »apricotfarbene« legere Strickjacken aus feinem Garn mit weich fallendem Schalkragen finden sich hier. Einfache Jacken aus dünnem Strickstoff, an denen ein Ärmelaufschlag variiert wurde, halbtransparente Lagenshirts aus fein gekämmter Baumwolle und leichter, verspielter Schmuck zeigen zwar noch die Verwandtschaft mit trendigem Orange an, doch in einer deutlich sanfteren Variante. Die Extravaganz ist erst auf den zweiten Blick erkennbar.

Apricot ist daneben ausgesprochen unkompliziert. Es ist der legere, aber stilvolle Wochenendlook für zu Hause: Helles Orange zieht weiche Wildleder-Ballerinas mit runder Kappe dramatischen High Heels immer vor. Da es sich bei Apricot trotz aller Weichheit um eine männliche Farbe handelt, entsprechen ihm statt Kleidern zudem eher Hosen, zum Beispiel aus einem leichten, unifarbenen Seide-Leinen-Mix in modischer Haremsform oder sommerliche Shorts mit ausgefallener Gürtellösung.

Eine kastige Chanel-Jacke aus relativ steifem, grobem Boucléstoff mit harten Kanten wäre hier allerdings völlig fehl am Platz, genauso wie alles Düstere oder Grobe wie schwerer Strick und Ähnliches. Apricot kann auch nichts anfangen mit romantischen Empirekleidern oder Bohèmeanklängen. Es muss besonders, neu und anders sein – dabei allerdings deutlich gefälliger und lieblicher als bei reinem, lebhaftem Orange und in harmonischen Kombinationen mit sanften Farbharmonien in Champagner- und pudrigen Nudetönen. Auch Rosa sollte nicht mit einem hellen Orange verwechselt werden, denn das helle Rot ist kühl, zart und fragil, Apricot dagegen ist warm, sanft und weich. Und wo sich ein zuckriges Rokokorosa in zart-romantischen Kleidern mit delikater Kette, Armbändern und Ringen ausdrückt, umschreiben entspannte Kombinationen aus schicker, aber legerer Hose, schlichtem Edelpullover darüber und einem ausgefallenen Ring ein lässig-elegantes Apricot. Auch in den Düften wird der Unterschied zwischen beiden nur optisch ähnlichen Nuancen deutlich: Zartes Rosa schwelgt in leichten, pudrigen Düften von Blüten, über denen noch der frostige Morgentau zu liegen scheint; ein weiches Apricot dagegen findet sich in mild-fruchtigen Parfüms mit warmen Untertönen von Vanille oder Mandel. Dazu passt schlichter, filigraner Goldschmuck.

Die übrigen Materialien von hellem, weichem Orange sind genauso sanft wie der Farbton selbst. Apricot drückt sich in weich fallenden, leichten, anschmiegsamen Stoffen aus, die angenehm auf der Haut liegen und wärmen. Sanfte Materialien wie flauschiges Angora, weich fallende Seidenjerseys, geschmirgelte Seide oder feiner Kaschmirstrick sprechen eine apricotfarbene Sprache. Alle Stoffe sind dabei jedoch stets dünn gewebt und zart, um der lichten Qualität der hellen Orangenuance gerecht zu werden.

Übersicht

Raumgestaltung kurz und knapp:
Weiches Apricot prägt eine umfangende, freundliche Atmosphäre sowie eine Einrichtung, bei der sich extravagante Einzelstücke harmonisch eingliedern. Die Räume sind ausgesucht, aber sparsam ausgestattet mit weich gepolsterten Sesseln im lässigen Stil, einer weichen Formensprache mit abgerundeten Ecken, halbtransparenten Vorhängen und einer dezenten Wandgestaltung. Helles Parkett, Seidenteppiche oder ein heller, feinfloriger bis flauschiger Teppichboden neben Kissen, Kerzen, Plaids und Blumenarrangements in Pastelltönen ergänzen sich

zu einem einladenden, intimen Stil. Abgerundet wird er durch eine sanfte Farbpalette, bei der vorwiegend Weiß mit Gelb und Rosé gebrochen wurde.

Mode kurz und knapp:
Apricot findet sich in chicer, moderner, verspielter Eleganz mit trendbewussten, innovativen Details, die sich jedoch harmonisch einfügen. Grundlegend gibt sich der Stil leger und unkompliziert mit dünnen Strickjacken oder halbtransparenten Lagenshirts in dünn gewebten, weichen und vor allem anschmiegsamen Materialien, die leicht wärmen.

Dunkelorange/Terrakotta: Gemütliche Geborgenheit

Sympathie und Geborgenheit Wenn es eine Farbe gibt, bei der fast niemand Berührungsängste hat und die nahezu jeder ansprechend findet, ist das Terrakotta: ein warmes Braunorange, das einladend und gänzlich unprätentiös wirkt. Anders als ein leuchtendes Orange strahlt Terrakotta nur ein schwaches, aber heimeliges Glimmen aus. Gedämpftes Orange tritt gemäßigt auf, wirkt weniger lebhaft als klares Orange, es pulsiert nur noch unterschwellig mit einer ruhigen Energie.
Der Scholle verhaftet Terrakotta liegt auf einer Farbkugel mit einem weißen, lichten Pol auf der einen und einem schwarzen, schweren Pol auf der anderen Seite unterhalb des Äqua-

tors, zur dunklen Seite hin. Ihm haften wie Erdklumpen die dunklen Anteile an, die es deutlich träger, aber auch schlicht geerdeter wirken lassen als den reinen oder erst recht den aufgehellten Orangeton. Aldous Huxley lässt eine Figur in seiner Kurzgeschichte *After the Fireworks* Terrakotta als *originally colored* beschreiben, als urwüchsigen Farbton - der Erde verhaftet. Und dunkles Orange fühlt sich wohl auf seiner Scholle.

Sicherheit und Bodenhaftung Gerade aus dieser ausgeprägten Bodenständigkeit leitet sich die Sicherheit ab, die Terrakotta ausstrahlt. Es schöpft seine Stärke aus seiner Erdverbundenheit, aus der soliden Verwurzelung im Hier und Jetzt. Mit dunklem Orange fühlt man sich geborgen, es strahlt etwas zutiefst Vertrautes aus. Durch die Nähe zu den warmen Brauntönen kann man Terrakotta auch eine gewisse Traditionalität zusprechen. Doch im Unterschied zu reinem Braun wirkt ein dunkles Orange immer freundlicher, fortschrittlicher und weit weniger bescheiden oder gar kernig.

Gedämpfter Innovationswille Es ist zwar genauso real, genauso greifbar wie ein Stück Holz und genauso stabil, aber nicht so unbeweglich. Denn auch dunkles Orange interessiert sich für alles, was neu und anders ist, weshalb ihm bei aller Schwerfälligkeit zumindest eine gemäßigte Modernität zuzutrauen ist. Terrakotta spiegelt sich in alltagstauglichen Entwürfen, die praktisch und robust sind, aber in den Details die spritzige Kreativität von klarem Orange erahnen lassen. Terrakotta wirkt dabei jedoch nie abgehoben, sondern im wahrsten Sinne des Wortes geerdet.

Vokabeln

Erdig, verwurzelt, Realitätsnähe, reichhaltig, fruchtbar, warm, behaglich, gemütlich, einladend, sympathisch, vertraut, Geborgenheit, ruhig, stabil, dauerhaft, real, greifbar, authentisch, unaufgeregt, unprätentiös, glimmend, mäßig modern.

Raumgestaltung – bodenständige Vision

Räume in Terrakottatönen kommen scheinbar nie ganz aus der Mode. Der warme Orangeton zählt sogar zu den neutralen Wandfarben, die in fast jedem Bereich eingesetzt werden können. Die Farbe erinnert an toskanische Landvillen und sorgt für eine warme Ruhe. Sie ist kräftig, ohne grell zu wirken. Anziehend, aber nicht überdreht. Terrakotta, die Farbe von alten Tontöpfen, gebrannter Erde und warmem Sandstein, wirkt natürlich und vertraut.

Zwischen den warmen Braun- und den dunklen Orangetönen besteht eine Verwandtschaft. Doch wo den Braunnuancen immer etwas Bescheidenes und zutiefst Traditionelles, Altbewährtes anhaftet, spielt bei einem Dunkelorange die moderne, allem Neuen gegenüber aufgeschlossene Qualität von reinem Orange mit hinein. So kann man eine Raumgestaltung in Terrakotta durch Stile unterstreichen, die traditionelle und gemütliche Vorlieben mit innovativen Anklängen verbinden. Der italienische Landhausstil ist beispielsweise eine Entsprechung der dunklen Orangetöne, da er zum einen traditionell sowie gewachsen ist und eine warme Behaglichkeit ausstrahlt. Zum anderen wirkt er im Gegensatz zum »deutschen Klassiker« deutlich leichter und moderner, was ihn auch für den Orangeanteil des Farbtons interessant macht. In der italienischen Variante dominieren zwar auch natürliche, robuste Materialien wie Leinen und reine Baumwollstoffe, aber in hellen, sonnigen Farben oder originellen Mustern. Auch sind die Möbelstücke aus massiver Eiche und stehen auf rustikalen Natursteinfliesen, aber die Schränke oder Stühle haben eine gerade, moderne Form.

Trotz allem ist Terrakotta sehr der Erde verhaftet, weswegen es, wie alle dunkleren Farbtöne, Gegenstände um sich herum braucht, die ihm ein Gefühl von Sicherheit geben. Man muss sich an ihnen festhalten, sie berühren können, und sie sollten dabei eine gewisse Stabilität und Widerstandsfähigkeit ausstrahlen. Terrakotta verlangt nach solider Qualität, um sich spüren zu können: ein blank gescheuerter Küchentisch aus warmem Nussbaumholz, Eckvitrinen für das Geschirr, ein praktischer Steinboden oder ein Belag aus Sisal. Leseecken, Konsolen mit karierten Stofflampenschirmen, gepolsterte Fußbänke, strapazierfähige, aber ansprechende Bezüge in kräftigen Naturfarben und mit frischem Gemüse gefüllte handgetöpferte Schalen wären typische Statisten in einer Küche mit dem Charme von Terrakotta. Eine warme, sonnige Farbpalette unterstreicht die einladende Atmosphäre noch einmal.

Auch eine Vielzahl von Dekorationsgegenständen, die die Dichte der Farbe abbilden, findet sich. So drängen sich Fotografien von Familie und Freunden neben anderen mit persönlicher Bedeutung aufgeladenen Accessoires auf massiven Beistelltischen, Kommoden oder Kaminsimsen. Insgesamt sind »dunkelorange« Räume gemütlich, behaglich und meist sogar relativ klein bis eng, um wiederum der dichten, gedrängten Wirkung von Terrakotta zu entsprechen. Vor allem aber strahlen »terrakottafarbene« Räume eine einladende, unprätentiöse Atmosphäre aus.

Mode – praktischer Chic

Warmes Braunorange ist eine erdige, herbstliche Farbe, die Assoziationen weckt zu wärmenden Gewürzen wie Zimt, aber auch zu fallenden Blättern und verdorrtem Laub. Es ist eine alte Farbe. Wenig geeignet ist Terrakotta daher für junge Frauen, und es steht als komplettes Ensemble ohnehin nur dem sogenannten klassischen Herbsttyp wirklich gut. Für alle anderen Typen bieten sich einzelne Accessoires in Braunorange oder die Übersetzungen der Farbe an.

Eine davon lässt sich umschreiben mit: Pragmatismus trifft Trend. Die spritzige Extravaganz von Orange kommt in seiner abgedunkelten Variante deutlich gemäßigter zum Ausdruck. In Terrakotta lebt zwar immer noch der quirlige, kreative Geist von Orange, doch der dunklere Ton ist mit seinen fast braunen Facetten eher bescheiden und traditionell. Bei Terrakotta denkt man an die Toskana, die zwar im lebhaften, modischen Italien liegt, jedoch im ländlichen Teil, der seine Traditionen nicht vergessen hat. Zum Terrakotta-Stil passen daher robuste Stoffe mit Charakter, die sich auf eine gedeckte, erdige und warme Farbpalette beschränken, wie zum Beispiel ungefärbtes, schweres Bauernleinen. Sie sollten allerdings ein modernes Muster aufweisen oder in einem Schnitt verarbeitet sein, der mit zumindest einem originellen Detail punktet. Der gedämpft innovative Geist von Orange findet sich in ausgefallenen Ensembles, die sich in der Farbgebung sehr zurücknehmen, oder in naturfarbenen Outfits mit Accessoires in Leuchtfarben. Ausgefallene folkloristische Tuniken und lebhaft bestickte Stolen aus unbehandeltem Leinen, die kreativ und anders, aber eben nicht so extravagant sind wie der Stil von leuchtendem Orange, entsprechen ebenfalls Terrakotta. Es ist unprätentiös und uneitel, weswegen ihm grundsätzlich bequeme und – dem erdigen Braunanklang entsprechend – robust-schlichte, pragmatische Kleidungsstücke gerecht werden, die mit kleinen Finessen zwar nicht glänzen, aber doch glimmen.

Übersicht

Raumgestaltung kurz und knapp:

Terrakotta prägt eine traditionelle Gemütlichkeit mit modernen Details, wie man sie beispielsweise im italienischen Landhausstil findet. Typisch sind üppig bestückte, überschaubare Räume mit Fußbänken, gemütlichen Leseecken, robusten Möbelstücken aus massivem Holz, Natursteinfliesen, Sisal und einer Vielzahl persönlicher Accessoires. Strapazierfähige Materialien in originellen Musterungen und Naturtöne neben einer warmen Farbpalette schenken den Räumen eine behagliche Ausstrahlung.

Mode kurz und knapp:
Grobe Leinentuniken mit ausgefallenen Details oder originell bestickte Stolen aus robusten Stoffen entsprechen einem »terrakottafarbenen« Stil, der sich bequem und uneitel gibt, dabei aber mit schicken Details oder ausgefallenen Schnittlösungen Akzente setzt. Unbehandelte Materialien mit Charakter und eine gedeckte, erdige Farbpalette mit leuchtenden Highlights unterstreichen die besondere Verbindung von Pragmatismus und Chic.

Vom sachten Antippen des Geistes durch Vanille bis zum alten Wissen von Goldgelb: **Die Gelbtöne**

Gelb ist die nächste Farbe am Licht. Sie entsteht durch die gelindeste Mäßigung desselben. (…) Sie führt in ihrer höchsten Reinheit immer die Natur des Hellen mit sich und besitzt eine heitere, muntere, sanft reizende Eigenschaft.

Johann Wolfgang von Goethe

Gelb ist Licht, Heiterkeit, Intellekt und Wissen.

Mittelgelb/Sonnengelb: Geistige Stimulation

Ambivalentes Gelb Gelb ist die Farbe der Geächteten, van Goghs Wahnsinn wird gerne in direkte Beziehung zu seiner Vorliebe für Gelb gesetzt, und Kinder malen die Sonne gelb. – Gelb gilt als sehr ambivalente Farbe. Zum einen schreibt man ihr Unbeliebtheit und Irrsinn zu, zum anderen Helligkeit und Wärme oder im übertragenen Sinn auch Optimismus.

Gerade bei Gelb wird deutlich, dass die Essenz der Farben nicht (nur) aus ihrem Vorkommen in der Natur, ihrer Verwendung in der Geschichte oder den Assoziationen, die man mit ihnen verknüpft, abgeleitet werden kann. Die Verbindung von sonnigem Gelb mit einem ebenso sonnigen Gemüt, mit Heiterkeit und Optimismus deckt sich noch mit der isolierten Farbwirkung. Gelb weckt Bilder von Osterglocken, Sonnenblumen und reifen Zitronen. Es wirkt heiter und hebt die Laune. Doch über vielen anderen Deutungen liegt ein eher staubiger Film, der die reine Qualität von Gelb teilweise vollständig verdeckt und seine Strahlkraft im wahrsten Sinne des Wortes dämpft.

Größte Strahlkraft Der Grund, warum Außenseiter der Gesellschaft gerade mit gelben Aufnähern oder Hüten gebrandmarkt wurden, liegt wohl darin, dass Gelb weithin sichtbar und die Farbe mit der besten Signal- und Fernwirkung ist. Gelb, insbesondere strahlendes Chromgelb, kann selbst über größte Entfernungen hinweg wahrgenommen werden[15], und ein Untertauchen in der Menge war zum Beispiel mit einer leuchtend gelben Banderole nahezu unmöglich. Man sollte sich jedoch bewusst sein, dass Gelb an sich keine »anstößige« Qualität in sich trägt, sondern man hat im Mittelalter und leider auch wieder in der Zeit der Judenverfolgung unter den Nationalsozialisten lediglich die Strahlkraft der Farbe missbraucht.

In China zur Zeit der Ching-Dynastie setzte man die verschwenderische Strahlkraft von Gelb dagegen mit dem Göttlichen gleich. Es war daher allein dem Kaiser vorbehalten, Gelb zu tragen, der Sonne zu Ehren. Auch in Indien gilt Gelb nicht nur als Farbe der Herrscher, sondern als die der Götter. Für die Hinduisten ist Gelb gleichbedeutend mit Licht, Leben und Unsterblichkeit. Die Farbe ist für sie ein Synonym für hehr, schön und heilig, weil sie das (in diesem Fall) prächtige Strahlen der Farbe verehren.

Optimismus und Heiterkeit Was den »gelben Wahnsinn« angeht, so weiß man heute, dass van Goghs psychische Probleme nichts mit der Farbe Gelb zu tun hatten. Er nutzte sie vielmehr, um sich zu heilen, da sie für ihn Optimismus, Heiterkeit, Licht und pure Lebenskraft verkörperte. Leatrice Eiseman hat diese aufmunternde Wirkung der Farbe auf den Punkt gebracht: Gelb ist »Prozac in einer Farbdose«. Wenn reines Gelb dennoch als unangenehm und aufdringlich empfunden wird, so liegt das, zumindest in meinen Augen, allein an dem schier überwältigenden und in manchen Tönen zu grellen Strahlen. Unangenehm kann die – allen unverfälschten Primärfarben eigene – kraftvolle, kompromisslose Energie sein, der man nicht entkommt.

Erbarmungsloses Ausleuchten Im Fall von Gelb ist es ein Durchdringen und Ausleuchten bis ins Letzte. Gelb ist ein schonungsloses Offenlegen sowie eine gnadenlose Stimulation des Geistes, die ab und an sicher nur schwer zu ertragen sind. Orange wirkt im Vergleich dazu deutlich angenehmer. In ihm wurde der schwindelnde Höhenflug von Gelb durch schweres Rot auf halbem Weg gebremst, und man bewegt sich gewissermaßen in moderater Höhe. Orange ist der besänftigende Sonnenuntergang, Gelb dagegen die Sonne auf ihrem Höchststand – durchdringend, stechend. Betrachtet man insbesondere ein Zitronengelb längere Zeit, drängt es den Geist unbarmherzig zu Aktivität, immer weiter, ohne Pause. Gelb kann regelrecht aufdringlich wirken, da man sich seiner Leuchtkraft nicht entziehen kann. Der Verstand wird somit durch aggressives, anstrengendes Gelb zwar nicht »vom Wahnsinn umnebelt« – im Gegenteil, Gelb erleuchtet und legt offen –, doch eine Überreizung durch die konstante geistige Stimulation ist durchaus denkbar.

Auch Johannes Itten verknüpft den »gelben Wahnsinn« nicht mit heiterem Gelb. Für ihn symbolisiert Gelb die absolute Wahrheit – doch nur reines Gelb. Er differenziert zwischen »guten« und »schlechten« Gelbtönen, und nur in seiner getrübten Form steht Gelb für kranke, gleichsam getrübte Wahrheit und Unwahrheit. Damit zusammenhängend ist angeschmutztes Gelb für ihn auch die Farbe von »Neid, Verrat, Falschheit, Zweifel, Misstrauen und Irresein«.

Doch in seiner unverfälschten Leuchtkraft drückt Gelb stets eine heitere, sonnige und ansteckende Energie aus, die Goethe als nur »sanft reizend« und »munter« beschrieben hat. Mit der Lieblingsfarbe Gelb ist man dementsprechend optimistisch und meist heiter. Menschen mit einer Vorliebe für

Gelb sind lebhaft, offen, kommunikativ, mit selbstbewusstem Auftreten.

Farbe des Geistes und Intellekts Gelb gehört zwar noch zu den »irdischen«, auf den Körper bezogenen Farben, doch als letzte in der Reihe nach Rot und Orange weist es den schwächsten Körperbezug auf. Wo Rot ausschließlich auf den rein physischen Aspekt konzentriert ist, weist Orange in seiner Kreativität bereits geistige Eigenschaften auf. Doch Gelb ist nun fast ausschließlich auf das Denken fokussiert. Es ist nahezu ebenso immateriell wie Blau. Hier zeigen sich zwei Seiten einer Medaille: Beide Farbtöne umschreiben einen Aspekt des Geistes – Blau das intuitive Denken und Gelb das rationale. Es steht unter anderem für den Intellekt und animiert dazu, alles analytisch zu zerlegen. Gelb stimuliert den Geist. Nicht umsonst spricht man von einem (gelben) Geistesblitz, einem »hellen Kopf« und sagt: »Mir geht ein Licht auf.« Denn Gelb ist die Farbe des Lichts, das alles erhellt – und somit auch den Verstand erleuchtet. Gelb sorgt im wahrsten Sinne des Wortes für erhellende Einsichten, alles ist augenfällig. Früher waren die Roben in den naturwissenschaftlichen Fakultäten der Hochschulen gelb, und im Islam gilt Gelb heute noch als Farbe der Weisheit. Auch ist allen von Gelb betonten Menschen die Fähigkeit eigen, strukturiert zu denken. Sie haben einen scharfen Verstand, mit dem sie gerne im Mittelpunkt stehen – ganz dem extrovertierten Gelb entsprechend. Konturloses Gelb steht für freies, schrankenloses Denken, das sich, wie die Farbe selbst, in alle Richtungen ausbreitet. Dabei umfasst es absolut alles und strahlt es wie mit Flutscheinwerfern an, rückt es in den Mittelpunkt. In seinem hellen Licht bleibt nichts verborgen. Eine weitere Eigenschaft von Gelb, die sich daraus ableitet, ist sein Drang, den Dingen auf den Grund zu gehen, sie zu erforschen. Wer diese Farbe liebt, dem ist daher nicht nur ein fast detektivischer Spürsinn eigen, sondern auch eine gewisse Unerschrockenheit den eigenen Fehlern gegenüber, die genauso ausgeleuchtet werden wie alles Übrige im Umfeld von Gelb. Womöglich liegt hier der Grund, weshalb unbedarfte Kinder Gelb noch lieben, Erwachsene die Farbe jedoch oftmals als aufwühlend und unangenehm empfinden.

Instabiles Gelb Gelb ist die Farbe mit der größten Leuchtkraft, doch zugleich auch der Farbton, der sich am schnellsten verschwendet und verbraucht. Es ist zudem eine fragile Farbe, die leicht ihrer Strahlkraft und Reinheit beraubt werden kann, wenn andere Töne auch nur minimal beigemischt werden. Sofort ermüdet das leuchtende Gelb, wirkt schmutzig oder gar kränklich, wenn beispielsweise Grün hinzukommt. Freies, schwereloses Gelb scheint äußerst instabil zu sein, und dass Gelb eine wenig verlässliche Qualität nachgesagt wird, lässt sich womöglich aus diesem Aspekt ableiten.

Gelbes Dreieck Gelb wurde am Bauhaus das Dreieck zugeordnet, da es mit seinen spitzen Winkeln einen aggressiven, durch die Fluchtlinien ins Unendliche aber auch einen sich ausdehnenden Charakter hat – genau wie Gelb. Das nach allen Seiten weisende Dreieck symbolisiert zudem das freie, schrankenlose Denken der Farbe. Gelb, das sich über jede begrenzende Kontur hinwegsetzt und sie überwindet, lässt daneben jede Form größer und präsenter wirken, als sie eigentlich ist.

Vokabeln

(Mental) Stimulierend, aktivierend, energetisierend, bewusst, rationales Denken, Wissen, scharfer, analytischer Verstand, offenlegend, erforschend, Idee(nreichtum), Geistesblitze, Information, Kommunikation, Denkmodelle, Konzept, frei, schwerelos, schlank, schmal, vergrößernd, exzentrisch, vorwärtsdrängend, sich ausdehnend, großzügig, verschwenderisch, konturlos, rastlos, beweglich, schnell, leichtfüßig, selbstbewusst, extrovertiert, laut, durchdringend, optimistisch, unbeschwert, sonnig, warm, heiter, »sanft reizend«, strahlend, Licht, auffällig, maskulin, Sanguiniker.

Raumgestaltung – grenzenloses Strahlen

Gelbe Flächen schenken Räumen eine sonnige, freundliche Aura, und selbst düstere Nischen wirken, in Gelb gestrichen, sofort heller. Durch sein Strahlen öffnet Gelb Zimmer, es lässt sie nicht nur lichter, sondern auch großzügiger erscheinen. Da die Farbe zudem die Gehirntätigkeit anregt und die Konzentration fördert, ist sie eine gute Wahl für Büros und Arbeitszimmer, in denen man dank der aktivierenden Wirkung von Gelb auch die Lust am Arbeiten nicht zu schnell verliert; sein stimmungsaufhellender Effekt wirkt sich zudem günstig auf das Arbeitsklima aus.

Gelb führt »die Natur des Hellen mit sich«, hielt Goethe fest, und dementsprechend hell und lichtdurchflutet präsentiert sich eine Gestaltung im gelben *Stil.* Große Fensterflächen zur Sonnenseite hin, viele Lampen, aber auch lichtreflektierende Oberflächen lassen »gelbe« Räume leuchten wie die Farbe selbst. Glatte Lackfronten, polierte dünne Holzflächen, versiegelte, schimmernde Böden, glänzendes (leichtes) Metall – Gelb strahlt. Und das in offenen, großzügig bemessenen Räumen, die der expansiven, sich ausdehnenden Kraft von reinem Gelb entsprechen und sein Strahlen nicht vorschnell eindämmen. Trotz ihrer Weitläufigkeit wirken typisch »gelbe« Räume dabei warm und durch das einströmende Tageslicht freundlich. Dennoch herrscht in ihnen eine gewisse rastlose Atmosphäre; gelbe Räume sind der Gegenentwurf zu gemütlichen kleinen Cottagezimmern mit rosengemustertem Ohrensessel nebst Teetasse. Gelb ist anders: Gelb ist auffällig, offen und ausdrucksstark.

Die Leichtigkeit von Gelb findet sich in schwerelos wirkenden Möbelstücken wie durchsichtigen Acrylstühlen. Wenn sie in ihrer Formensprache zudem den aggressiven Impuls der Farbe in spitzen oder scharfkantigen Formen aufgreifen, wirken sie noch gelber. Daher sind statt weich fallender Vorhänge auch Schiebepaneele mit klaren, harten Kanten besser geeignet; typisch gelbe Formen wie das Dreieck oder Zickzackmuster können ebenfalls vorkommen und die grundlegend expressive Linienführung noch unterstreichen.

Gelb drängt sich auf. Wo Blau zaghaft in den Raum einlädt oder vielmehr hineinlockt, kommt einem Gelb bereits laut lärmend auf der Türschwelle entgegen. Sein inhaltliches Gegenstück Blau steht für Raumgestaltungen, in denen man zur Ruhe kommt, sich in sich zurückzieht und den Geist auf eine innere Reise schickt. Gelb dagegen ist Aktion und Beweglichkeit. Es ist die ständige Stimulation des Geistes – *von* außen durch Bücher, Pläne, Projekte und Ideen oder durch die Kommunikation *nach* außen in Gesprächen, die in diesen Räumen stattfinden. Dem gelben Intellekt entsprechen helle, klar strukturierte Bücherwände – vor allem offene, die jeden Band zeigen. Auch Konferenzräume, in denen man sich zum Ideenaustausch trifft, sprechen eine gelbe Sprache – selbst ohne eine einzige gelbe Fläche. Bibliotheken, als Horte von Wissen im Grunde gelb, passen allerdings eher zu einem gemächlichen Goldgelb, das genug Ruhe aufbringt, um sich mit einem guten Buch niederzulassen. Es ist auf Gemütlichkeit bedacht und sorgt für bequeme Lesesessel, einen Kamin und eine ruhige Atmosphäre. Doch leuchtend »gelben« Räumen mit ihrer aktivierenden Ausstrahlung fehlt die Wohnlichkeit und schlicht die Bodenhaftung, da sie fast ausschließlich den Geist ansprechen. Bequeme Sofas oder eine Kochinsel, an der auch für das leibliche Wohl gesorgt werden könnte, fehlen. Dafür darf man davon ausgehen, dass diese Räume nicht nur hell und freundlich wirken, sondern auch mit optimistischer Gute-Laune-Musik beschallt werden.

Mode – laut und schrill

Gelb will auffallen, und in gelber Kleidung wird man sicher nicht übersehen werden. Sie wirkt wie ein Spotlight, denn sie ist genau das: strahlend. Aber man fällt positiv auf, denn in gelben Kleidern wirkt man sofort optimistisch und heiter – und auch die eigene Laune hebt sich spürbar, wenn man Gelb trägt. Leider vergrößert die Farbe nicht nur Räume optisch, sondern auch die Figur; sie schummelt gern ein bis zwei Kleidergrößen dazu, weswegen Gelb wirklich nur an sehr zierlichen Frauen gut aussieht. Man beschränkt sich ansonsten besser auf Accessoires wie sommerlich gelbe Gürtel, Taschen oder Schuhe, meidet die Farbe aber besonders bei Hosen, Röcken und Kleidern.

Seinem Komplementär Blau entsprechen dezente Kleidungsstücke. Gelb dagegen zeigt sich, übersetzt man es in Mode, in Kleidern, die nicht zurückhaltend sind, sondern auffällig und ausdrucksstark. Die Schlichtheit, die Blau prägt, trifft allerdings in gewisser Weise auch auf Gelb zu, da alle Grundfarben von einer klaren Einfachheit geprägt sind, die den komplexeren Mischfarben, die sich ebenso wie die zugehörigen Stile aus mehreren Komponenten zusammensetzen, fehlt. So findet sich ein Rot in sinnlich-präsenten Stilen wieder, Blau in dezent-schlichten und Gelb in expressiv-auffälligen.

Die ideale Linie findet Gelb, dem Dreieck nachempfunden, in der A-Form oder generell in schlanken Silhouetten mit schmalen Hosen. Gelb entspricht eine aufsehenerregende, aber immer klare Schnittführung, die nichts verbirgt. Denn die Farbe leuchtet alles aus, legt alles offen, und eine Mode, die der Farbe gerecht wird, verzichtet auf sich überlappende Lagen, versteckte Taschen oder multifunktionale Details, deren Nutzen nicht auf den ersten Blick ersichtlich ist.

Bei Gelb kommt auch eine geradezu konstruiert wirkende Mode infrage, zum Beispiel die bekannten Mondrian-Kleider, die Yves Saint Laurent in den 1960ern nach den Bildern des gleichnamigen Malers entwarf: Kleider in einer schnörkellosen A-Linie mit auffälliger, kontrastreicher Musterung und in brillanten Farben. Auch der meist strahlend weiße Grund und die Lackstoffe der Modelle bringen die Helligkeit und den Glanz von Gelb zum Ausdruck. Seide oder Atlas sind ebenfalls »gelb« und übersetzen den strahlenden Glanz der Farbe in das entsprechende Material. Prächtiges, ungebrochenes Gelb findet sich daneben in »stolzen«, kostbaren Stoffen wieder.

Konstruiert wirken auch die Origamikleider japanischer Designer, die nicht nur wegen ihrer oftmals spitzen Formen eine gelbe Sprache sprechen. Es sind darüber hinaus Kleider, die nicht zum Tragen entworfen wurden, sondern bei denen allein das Design, die Idee dahinter zählt. Sie sprechen den häufig abstrakten Ideen nachhängenden Geist von Gelb an.

Zur Kopflastigkeit der Farbe passen folgerichtig auch alle Kopfbedeckungen. Denkt man an grelles Zitronengelb, umschreiben besonders expressive Hutkreationen, wie etwa die in Ascot beliebten Modelle von Philip Treacy, ebenso extrovertiertes wie teils schrilles Gelb.

Gelb drückt sich in der Mode darüber hinaus in allem aus, das heiter ist. Zu ihm passt nichts Düsteres oder Tristes, weder im Stil, wo es der Gegenentwurf zu einem Gothic-Outfit wäre, noch in der Farbgebung. Dort entsprechen ihm keine müden, angegrauten oder sehr dunklen Töne, sondern helle, teils grelle Leuchtfarben. Gerade dadurch wirkt »gelbe« Mode unübersehbar wie die Farbe selbst. Gelb ist es allerdings gleich, welche Wirkung es im Außen hervorruft. Denn ganz anders als die konzentrierte Kraft von Rot, das sich bewusst und geplant in den Mittelpunkt rückt, verströmt Gelb sich ziellos.

Übersicht

Raumgestaltung kurz und knapp:
Sonnengelb entsprechen offene Einrichtungslösungen in großzügig geschnittenen Räumen, die eine heitere, freundliche Atmosphäre ausstrahlen und klar strukturiert sind. Lichtdurchflutet ist ein weiteres Stichwort, weshalb die Räume zur Sonnenseite des Hauses hin liegen oder mit vielen Lampen und lichtreflektierenden Oberflächen ausgestattet sind. Expressive bis aggressive sowie spitze, scharfkantige und klare Formen übersetzen Gelb genauso in eine Raumgestaltung wie Bücher(-wände) und auffällige, schwerelos wirkende Möbelstücke.

Mode kurz und knapp:
Gelb prägt einen expressiven, auffälligen Stil, der sogar schrill wirken kann. Favorisiert werden die A-Linie, eine schnörkellose, klare Schnittführung und spitze Formen. Auch geradezu konstruiert wirkende Mode, ausgefallene Hüte, glänzende Stoffe, lichtreflektierende Beschichtungen und Leuchtfarben entsprechen strahlendem Gelb.

Hellgelb/Vanille: Sachtes Antippen des Geistes

Mildes Strahlen Gelb ist nicht gleich Gelb. Es kommt zwar bei allen Farbtönen sehr darauf an, welche Nuance einer Farbfamilie man betrachtet, doch gerade bei Gelb sind die Unterschiede in den Aussagen der einzelnen Nuancen besonders groß. Denn zwischen einem stechenden Zitronengelb, dessen aggressive Strahlkraft nahezu penetrant ist, und einem weichen, einladenden Vanille, das vollkommen unaufdringlich wirkt, liegen Welten. Auf Vanillegelb trifft das zu, was Goethe über die Verbindung von aktiven Farben mit Weiß gesagt hat: Sie verlieren an Kraft. Bei einem blassen Gelb ist tatsächlich nicht mehr viel von der expressiven Energie von reinem Gelb vorhanden. Es gibt kein lautes Strahlen mehr, sondern nur noch einen leisen Schimmer.

Sanfte Anregung Die geistige Stimulation durch ein lichtes Vanille wirkt daher sehr sanft und zaghaft. Es ist keine schonungslose Durchdringung wie bei Gelb, sondern nurmehr ein sachtes Antippen des Geistes. Lichtem Vanille entspricht generell alles Schonende, Milde, das nur sanft anregt und die Entscheidung – im Gegensatz zu drängendem, forschem Reingelb – dem Betrachter überlässt. Hellgelb ist eine Option, die er annehmen oder ablehnen kann.

Nachsichtige Milde Dementsprechend legt ein zartes Vanillegelb zwar alles offen und leuchtet es aus, doch es belässt es dabei, statt wie ein reines Gelb noch mit dem Finger darauf zu zeigen. Ein Vanille mit seinem milden Leuchten legt zudem wie bei einem Weichzeichner einen besänftigenden Schleier vor alles Angestrahlte, der es in einem gefälligeren, weniger schonungslosen Licht präsentiert. Diese unaufdringliche Milde prägt den einladenden Charakter von Vanillegelb, das freundlich und offen wartet, bis man seine Qualitäten nutzt.

Vokabeln

Sanft, weich, mild, schonend, licht, fein, offen, einladend, freundlich, unaufdringlich, nachsichtig, leise, mental beruhigend, lauwarm, schmal.

Raumgestaltung – offen und transparent

Fühlt man sich in leuchtend gelb gestrichenen Räumen wie auf einer sonnengefluteten Terrasse im Hochsommer, denkt man bei vanillefarbenen Wänden an sanfte Frühlingssonne am Morgen. Reines Gelb bringt Räume zum Strahlen, Vanille schafft dagegen eine ruhige, heitere Stimmung, die freundlich, einladend und sehr elegant wirkt. Damit eignet sich die ohnehin sehr neutrale Farbe für nahezu alle Bereiche im Haus.

Um die Wirkung von blassgelben Wandflächen noch zu unterstreichen, wählt man im Idealfall großzügig geschnittene Räume, denn Licht – in diesem Fall weiches, hellgelbes – erweitert, will sich ausdehnen. Die Zimmer haben hohe Decken und sind lichtdurchflutet, wobei das Licht durch die halbtransparenten Vorhänge gefiltert wird zu einem sanften Leuchten, das der Qualität von Vanille weit mehr entspricht als ein gleißendes Strahlen. Der weiche Schein setzt sich fort auf nur matt schimmerndem Veloursleder in hellen Farbtönen, auf schwach leuchtenden Seidenteppichen oder auf gebürstetem und filigran gearbeitetem Metall mit seinem dezenten Leuchten.

Wenige ausgesuchte Möbelstücke in den weitläufigen Räumen tragen dem lichten Charakter der Farbe Rechnung. Die zurückgenommenen, weichen Linienführungen mit gebrochenen Kanten unterstreichen ihrerseits die ruhige Atmosphäre. In offenen Regalen ist alles sichtbar, nichts ist verborgen, nichts aufzudecken – und der Geist kann zur Ruhe kommen. Unterstützt wird diese harmonische Einrichtung durch dezente Wandgestaltungen sowie zurückhaltend hell gemusterte oder unifarbene Textilien für Polsterungen, Vorhänge und Bodenbeläge.

In einem vanillefarbenen Ambiente finden sich statt einzelner dunkler oder greller Farbspots, die die zarte Aura geradezu unsanft durchlöchern würden, durchgängig lichte, dezente Farben in zarten Abstufungen, um die ätherische, weiche Qualität von hellem Gelb zu umschreiben.

Oft denkt man, Apricot und Vanille seien nahezu austauschbar. Sicher, beides sind sanfte, weiche Pastellnuancen, die einladend wirken, doch ein sanftes Hellgelb wirkt weniger umfangend als Apricot, das einer Umgebung entspricht, in der man sich fast augenblicklich körperlich wohlfühlt. Vanille dagegen entfaltet seine beruhigende Wirkung auf mentaler Ebene und schafft eine geistige Ruheinsel.

Mode – leise und elegant

Zartes Gelb ist eine gute Alternative zu reinem, hartem Weiß. Vanillegelb ist eine freundliche, dezente Farbe, die allerdings immer leicht flüchtig wirkt und nicht lange in der Erinnerung haften bleibt. Wenn Sie also Eindruck machen oder auffallen wollen, sind die zarten Töne von Buttercreme und blassgelben Rosen nicht die beste Wahl. Zudem wirkt man in Pastellgelb, wie in allen hellen Farbtönen, schnell schwach und zerbrechlich. Für ein elegantes Outfit, das leicht und licht wirkt und gleichzeitig sanft aufmuntert, gibt es allerdings kaum eine bessere Farbe.

Das träge, warme Glimmen von üppigem Goldgelb wandelt sich in Sonnengelb zu einem strahlenden Leuchten, das im sanften, diffusen Licht von Vanille seinen Weg hin zu Weiß antritt. Entsprechend zart gibt sich daher auch der Kleidungsstil, der einem hellen Gelb entspricht. Dabei schwingt immer noch die klare, pure Formensprache von reinem Gelb mit. Verschwunden ist jedoch alles Laute und extrem Auffällige wie die Lackstoffe, die starren, wie abgezirkelt wirkenden Linien oder auch die teils schrillen Farben. Leises Vanille behält in einer Mode, die es umschreibt, die für Gelb typische, dem Dreieck nachempfundene A-Form, doch sie fällt durch leichte Stoffe deutlich weicher – ohne harte Linien oder spitze Abschlüsse. Die duftigen Materialien in hellen, sanften Farben lassen immer noch die klare, schnörkellose Schnittführung erkennen, trotzdem wirken »vanillefarbene« Kleidungsstücke schwerelos, unbekümmert … Passend sind einfache, zarte Sommerkleider aus gewaschener Seide oder duftigem Voile, deren gebrochener Glanz den sanften Schimmer von hellem Gelb imitiert. In heiteren Pastelltönen gehalten, sind diese Kleider nicht mehr grell und schrill, sondern schlicht. Nicht mehr auffallend, sondern elegant.

Übersicht

Raumgestaltung kurz und knapp:
Vanille schafft eine geistige Ruheinsel mit einer leisen, ruhigen und einladenden Atmosphäre. Eine offene Raumgestaltung in großzügig geschnittenen, nur sparsam möblierten Räumen mit hohen Decken ist typisch »vanillefarben«. Für eine blassgelbe Einrichtung ebenso typisch sind elegante Möbelstücke mit einer dezenten, weichen Linienführung und gebrochenen Kanten, der weiche Schimmer von Veloursstoffen oder gebürstetem Metall, dezent gemusterte oder unifarbene Textilien, helle Bodenbeläge, sanft schimmernde Seidenteppiche und eine helle, milde Farbpalette.

Mode kurz und knapp:
Weich fallende A-Linien und andere pure, elegante Schnittführungen sind ebenso charakteristisch für die klare, aber weiche Qualität von Vanille wie halbtransparente Materialien, luftige Stoffe mit sanftem Schimmer und eine lichte, sanfte Farbpalette.

Dunkelgelb/Goldgelb: Altes Wissen

Sinnlicher Luxus Eine ganz eigene Wirkung hat warmes Goldgelb, das an reife Ähren oder geschmolzene Butter erinnert. Der prächtige Farbton strahlt – durch seine Abstammung aus der gelben Farbfamilie und die optische Verwandtschaft mit edlem Gold – eine heitere Noblesse aus. Durch seinen Rotanteil wird sattes Goldgelb dabei nicht nur gekräftigt, sondern wirkt auch deutlich geerdeter als beispielsweise flüchtiges Zitronengelb. Das dunkle Gelb ist so zwar weniger strahlend, dafür aber bedächtiger, ruhiger und mit mehr Bodenhaftung gesegnet – schlicht näher an der (roten) Erde. Durch die Kombination dieses leicht erdigen Charakters mit dem goldenen Strahlen erinnert der Farbton an bodenständigen Luxus – facettenreiches, sattes Goldgelb gibt sich dabei immer auch üppig und sinnenfreudig. Nicht umsonst sah man gerade Dionysos, den Gott des Weines, der Freude und Fruchtbarkeit, in safrangelben Gewändern.

Selbstsicherheit und Charisma Goldgelb ist eine durchweg maskuline Farbe, die Kraft, Selbstsicherheit und charismatische Macht ausstrahlt. Dabei wird jedoch weniger die Macht im Außen und über andere als vielmehr die über sich selbst angestrebt. Mit Goldgelb kann Ansehen genossen werden; missbrauchen wird es seine Stellung nie. Der gedämpfte, erdige Farbton wirkt daneben weit weniger quirlig und ruhelos als klares Gelb. Goldgelb steht zwar ebenfalls im Mittelpunkt, aber mit einer sicheren Präsenz und unaufgeregten Gelassenheit, die purem Gelb fehlt.

Prächtig und bedächtig Goldgelb bietet die Möglichkeit zu agieren. Es drängt jedoch nicht aggressiv darauf, wie es reines und insbesondere stechendes Zitronengelb tut, das Kandinsky so treffend mit dem unangenehmen Ton einer »immer lauter geblasenen, scharfen Trompete« verglichen hat. Bei Goldgelb denkt man eher an heiter und dabei warm klingende Holzinstrumente wie ein Cembalo oder Violoncello. – Der ruhige Farbton strahlt eine überlegte Kraft aus, die um ihre Macht weiß, sie aber nicht planlos einsetzt, sondern bedächtig und gemächlich.

Altes Wissen Weises Goldgelb hält einem den Rücken frei und stellt die nötigen Voraussetzungen bereit, wie die Kenntnis der Hintergründe oder fundiertes Wissen zu einem Thema, die für überlegtes Handeln nötig sind. Es ist ein geerdetes Gelb, gleichsam ein »Denken mit Wurzeln«. Schweres Dunkelgelb denkt langsamer als leichtes Zitronengelb, dafür sammelt es die Informationen und setzt sich eingehend mit ihnen auseinander, statt sich ziellos immer weiter auszudehnen, um immer mehr Gebiete zu streifen. Erdiges Goldgelb drängt nicht nur nach vorne, zu neuen Ufern, sondern wendet sich auch der Vergangenheit zu, dem Historischen, Traditionellen, Etablierten und Beständigen, und kann so auf einen großen Wissensschatz zurückgreifen.

Vokabeln

Heiter, charismatisch, ruhig, nobel, reich, warm, großzügig, üppig, opulent, prächtig, genießerisch, komfortabel, behaglich, bodenständig, gelassen, bedächtig, reif, herbstlich, ausladend, glimmend, mächtig, Selbstvertrauen, sicher, traditionell, altes Wissen, Weisheit, maskulin.

Raumgestaltung – barocke Pracht

In Gelbgold gestaltete Räume wirken wie von der warmen Abendsonne beschienen. Selbst formale Einrichtungen verlieren mit goldgelben Wänden oder Polsterbezügen von ihrer Strenge. Die reichen Butter- und Safrantöne, die sich für nahezu jeden Raum anbieten, wirken edel und warm und meistern so den Spagat zwischen einer prachtvollen, aber gleichzeitig einladenden Atmosphäre.

Um die Wirkung sattgelber Wände noch zu unterstreichen, kann man beispielsweise den Barockstil wählen. Obwohl er das genaue Gegenteil zur klaren Formensprache der Gelbtöne ist, entspricht er dennoch der Qualität von Goldgelb, zum Beispiel durch seine prunkvollen Möbelstücke, die mit kostbaren, glänzenden Stoffen bezogen sind. Die typisch barocke Diagonale, die auf Gemälden meist von allerhand Linien überlagert wird, drückt daneben die verhaltene, gebremste Dynamik von schwerem Goldgelb aus – ebenso wie zwar definierte, aber gebrochene Kanten, die weit weniger spitz ausfallen als bei reinem Gelb.

Der reiche, warme Farbton von Goldgelb erinnert in erster Linie an üppigen, aber dabei immer bodenständigen Luxus. Die Einrichtung ist daher elitär und gediegen sowie bequem und einladend zugleich. Gelbgold zelebriert einen opulenten Stil mit komfortablen, gepolsterten Sesseln, ornamentalen Verzierungen, mit Einlegearbeiten geschmückten Beistelltischen, wertvollen Antiquitäten in warmem Walnussholz, Denkerbüsten, Voluten und üppigen englischen Rosen. Das alte Wissen von Goldgelb spiegelt sich in ledergebundenen

Büchern oder in einer kompletten Bibliothek im alten Stil wider.

Üppige, matt glänzende Texturen von Samt, Damast, Brokat oder Jacquardstoffen adeln den Raum. Und ähnlich wie bei reinem Gelb spielt auch bei seiner dunkleren Nuance der Lüster eine große Rolle, um zum einen das warme Strahlen des Farbtons zu umschreiben und zum anderen ausgewählte Gegenstände durch den Glanz ihrer Oberflächen optisch miteinander zu verbinden. Dadurch wirkt der Raum rund sowie in sich stimmig und strahlt eine typisch goldgelbe bedächtige Ruhe aus. Die Seide der Kissenbezüge, die polierten Holzkonsolen, der Schimmer des Marmorsimses und der glänzend goldene Rahmen eines Bildes beleben den Raum durch ihr Funkeln, stören aber die ruhige Atmosphäre nicht. Der Raum erhält durch sie nur eine zusätzliche luxuriöse, sehr goldgelbe Qualität – vielleicht unterlegt mit der festlichen Musik von Händel.

Mode – edel und opulent

Durch die optische Verwandtschaft mit Gold hat auch ein reiches Goldgelb eine edle Aura. Dabei wirken Kleider in satten Gelbgoldtönen aber nie zu festlich, sondern behalten stets eine unbeschwerte Note. Und während das leuchtende Strahlen von reinem Gelb leicht blenden kann und gerade in der Mode zu auffälligen, teils schrillen Stücken neigt, gibt sich ein sattes Goldgelb deutlich ruhiger und gemäßigter. Obwohl auch ein Goldgelb sicherlich aus der Masse herausstechen wird, ist sein Stil nie laut oder grell.

Ein Goldgelb lebt mit einem Fuß in der Vergangenheit, weswegen ihm eine historisch anmutende Mode entspricht. Schößchenjacken, Jabots, Wappen oder alte Goldbroschen an Westen übersetzen die Qualität von reichem, ruhendem Goldgelb. Die drückt sich auch in ausladenden Formen aus wie gebauschten Ärmeln oder breiten Kragenlösungen. Da es eine schwere Farbe mit großer Dichte ist, passen zu dunklem Gelb eine üppige Stofffülle und schwere oder komplex gewebte Stoffe. Gelbgold findet sich so in aufwendigem, nach altem Muster gewebtem Brokat oder Jacquard wieder, die zum einen den matten Glanz des Farbtons umschreiben und zum anderen auch dessen luxuriösen, opulenten Charakter aufgreifen. Daneben entspricht ihm kostbarer, schwerer Samt in schimmernden Edelsteinfarben, auch üppig bestickt, in dessen schweren Falten man sich nur maßvoll bewegen kann. Denn wo ein reines Gelb sprinten würde, wird ein Goldgelb immer gediegen schreiten – und dabei stets charismatisch wirken.

Übersicht

Raumgestaltung kurz und knapp:

Zu Goldgelb passt ein gediegener, nobler Stil, der bodenständigen Luxus ausstrahlt und sich gerne an historische Stile anlehnt. Behagliche Bibliotheken mit wertvollen, ledergebundenen Büchern sind typisch »goldgelbe« Räume, deren Möbel zwar definierte, aber gebrochene Kanten haben. Prunkvolle, aber komfortable Möbelstücke, auch Antiquitäten wie Chippendale-Möbel, bequeme, gepolsterte Sessel mit üppiger, ornamentaler Verzierung, gold gerahmte Gemälde, Konsolen mit Intarsienarbeiten, Denkerbüsten oder Säulen mit Voluten sind Repräsentanten des goldgelben Wohnstils. Genauso übersetzen opulente, historische Musterungen auf kostbaren, matt glänzenden Textilien, die zusammen mit dem Glanz des polierten Holzes die einzelnen Elemente im Raum harmonisch miteinander verbinden, Goldgelb in eine Einrichtung.

Mode kurz und knapp:
Goldgelb prägt einen opulenten und barocken Stil mit Brokatwesten und Schößchenjacken, mit gebauschten Ärmeln, breiten Kragenlösungen und Jabots. Die kostbaren Stoffe fallen in schweren Falten, alte Wappen und Goldbroschen schmücken das Revers. Eine üppige Stofffülle sowie historische Muster auf Stoffen in warmen Edelsteinfarben, mit mattem Glanz und komplexer Webart sind typisch für einen goldgelben Stil.

Von der meditativen Gelassenheit eines Jade bis zur tiefen Ruhe von Tannengrün: **Die Grüntöne**

Fruchtbarkeit und Befriedigung, Ruhe und Hoffnung sind Ausdruckswerte des Grün, der Vereinigung und Durchdringung von Wissen und Glauben.

Johannes Itten

Aus vorwärtsdrängendem Gelb und sich zurückziehendem Blau entsteht Grün: Stillstand, Ruhe, Ausgleich und Harmonie.

Mittelgrün/Blattgrün: Neutrale Mitte

Neutrale Mitte Grün hat eine absolute Sonderstellung im Farbkreis, denn ein reines Mittelgrün kann, am Übergang der warmen zu den kalten Farben gelegen, weder den einen noch den anderen zugeordnet werden. Hervorgegangen aus warmem Gelb und kaltem Blau bildet Grün die neutrale Mitte und vereint in sich die gegensätzlichen Qualitäten beider Farben: Freude und Ernsthaftigkeit, Härte und Weichheit. Es schlägt die Brücke zwischen Intellekt und Intuition, Aktivität und Passivität, zwischen vorwärtsdrängendem Gelb und sich zurückziehendem Blau – die in Grün zum Stillstand kommen.
Träge Ruhe Genau wie seine Komplementärfarbe Rot ist Grün daher in sich ruhend. Doch Rot ist komprimierte Kraft, die sich in einem Punkt sammelt. Es strahlt eine statische, aber kraftvolle Ruhe aus. Grün dagegen prägt viel eher eine leichte Trägheit. Es ist eine genügsame Waage, damit zufrieden, die vorwärtsdrängende, lebendige Kraft von Gelb sowie die flüchtige, distanzierte Qualität von Blau harmonisch auszubalancieren und in sich zu verbinden. Die Kraft aus beiden Farbimpulsen braucht Grün dringend, um der elementaren Kraft von Rot, die ihm gegenübersteht, standzuhalten.
Fruchtbarer Müßiggang Grün schafft die Voraussetzungen dafür, neue Vorhaben planen zu können. Durch die gelben Impulse ist es ideenreich, durch die blauen mit der nötigen Distanz gesegnet, um den Plan überblicken zu können. Dabei schafft ruhiges Grün eine ausgleichende Atmosphäre, in der man die Dinge tatsächlich »in aller Ruhe« betrachten kann.

Grün ist in diesem Sinne die Basis, auf der sich etwas entwickeln kann. Dazu passt, dass der Farbname Grün vom althochdeutschen Wort *gruoni* beziehungsweise von der Sprachwurzel *grho* abstammt, was wachsen und gedeihen bedeutet.

Ruhendes Potenzial Grün bietet so zwar die Grundlage, auf der sich etwas entwickeln kann, besitzt aber keine Eigendynamik und gibt keine Richtung vor: Reines Grün bewegt sich nicht und verlangt nichts. Es gleicht aus. Wassily Kandinsky ging sogar so weit zu sagen: »Grün ist wie eine dicke, sehr gesunde, unbeweglich liegende Kuh, die nur zum Wiederkäuen fähig mit blöden, stumpfen Augen die Welt betrachtet.«

Wenn Grün seine träge Ruhe aufgeben will, muss es aus seiner Mitte heraustreten und sich entweder für die gelbe, extrovertierte oder die blaue, nach innen gerichtete Seite entscheiden. Anders als Rot, das als Primärfarbe seine Kraft aus sich selbst heraus generiert und stets ganz bei sich bleibt, muss sich Grün demnach aufgeben – ganz im Sinne von Hermann Hesses Gedicht *Die Stufen,* in dem es heißt: »Nur wer bereit zu Aufbruch ist und Reise, mag lähmender Gewöhnung sich entraffen.« Will träges Grün »neuen Räumen jung« entgegentreten, muss es seine gewohnte Beschaulichkeit aufgeben: entweder in Richtung der frech-spritzigen Gelbgrüntöne oder aber in die der überlegt-kommunikativen Blaugrüntöne.

Gelbgrün Sobald sich die Waage durch die Beimischung von etwas mehr Gelb zu dessen Seite neigt, wandelt sich der Charakter von Grün zu dem eines lebhaften, jungen Farbtons wie Limonengrün, das, je näher es dem Gelb kommt, sogar richtig frech und respektlos wirken kann. Es herrscht allerdings noch das mittlere, harmonische Grün vor, weswegen die Farbe trotz des strahlenden, aufmerksamkeitheischenden Gelb nie zu laut oder zu schreiend wirken wird, sondern sich einpendelt auf einem zwar anregenden, aber stets auch noch ausgleichenden Level. Das rastlose Denken von Gelb ist hier durch den Grünanteil beruhigt worden zu einem wachen, aber ausgeglichenen Geist.

Hoffnung Insbesondere mit den gelbstichigen Grünnuancen wie frühlingsfrischem Maigrün ist auch der Begriff der Hoffnung verknüpft. In ihnen dominieren die gelben Impulse, die für das Licht und generell alles Positive stehen; die Waage hat sich hier zur »guten«, strahlenden, hoffnungsfrohen Seite hin geneigt. Es sind die Farben der ersten Blätter im Frühling, der Hoffnung auf bessere Zeiten nach meist kargen Wintern.

Wachstum und Fülle Gerade gelbgrüne Töne stehen damit auch für neues Leben – und wirken sehr jung. Junge Triebe oder jemanden, der »grün hinter den Ohren ist«, betrachtet man als unreif und unfertig. So ist auch jedes Grün, da gerade geboren aus Gelb und Blau, ein noch junger Farbton. Es ist die Farbe der Erneuerung, der Natur und des Wachstums, die Farbe des Lebens selbst. Trotz seiner bescheidenen Mittelstellung steht Grün nicht nur in der Natur für Üppigkeit. Die Farbe schöpft aus zwei starken Ursprungsfarben. Sie vereint die gesamte Bandbreite unzähliger Grüntöne zwischen den so gegensätzlichen Polen von Gelb und Blau in sich und ist damit ein Synonym für Fülle und Überfluss.

Blaugrün Mischt man Blau zu, erhält der Grünton eine nach innen gerichtete, nachdenkliche und abwartende Qualität. In den Blaugrüntönen dominieren die Kühle und das zurückhaltende Element von Blau gegenüber der sonnigen Energie der gelben Anteile. Manche eher blaustichigen Grünnuancen strahlen sogar etwas Weises und Altes aus, eine unaufgeregte Ruhe, die man mit Lebenserfahrung und gesetztem Alter verbindet. Die Römer zum Beispiel bezeichneten Menschen zwischen 45 und 60 als *viridis*, von »grünem Alter«.

Statische und ausgleichende Formen Wenn sich die Waage aber weder zur gelben noch zur blauen Seite hin neigt, ist Grün beides, jung und alt, eine alterslose, neutrale, unbewegliche und rein statische Farbe. Das spiegelt sich in der Form des ruhenden Rechtecks mit breiter Basis wider, das durch seine vier Seiten zudem den Parallelismus von Grün in der Zahl Vier abbildet. Es steht wie die Farbe für Ausgewogenheit und Harmonie (das durchweg maskuline, starre Quadrat ist für mein Empfinden zu hart und dominant für versöhnliches Grün; sein Komplementär Rot findet sich darin allerdings wieder). Eine weitere Entsprechung in den Formen findet ausbalanciertes Grün im sphärischen Dreieck (Kugeldreieck), der Kombination aus blauem Kreis und gelbem Dreieck, das ihm Johannes Itten zugeordnet hat. Er wollte damit sowohl die Vereinigung der beiden Ausgangsfarben und ihrer Formen als auch die gelassene Ruhe von Grün zum Ausdruck bringen.

Die antike Klassik beziehungsweise ihre Wiederauferstehung im Klassizismus erinnert ebenfalls in einigen Punkten an harmonisches Grün, dem sowohl die Geradlinigkeit der Bauwerke als auch ihre Ausgewogenheit in den Proportionen entsprechen. Wo der Barock noch das Ausbrechen aus starren Linien, die Dynamik und die Bewegung favorisierte, wendet sich der Klassizismus komplett davon ab und strebt einer makellosen Ruhe und absoluter Symmetrie zu, die an Grün erinnert.

Regeneration und Heilung Grün ist die Farbe der Balance und Harmonie. Es ist die nötige Ruhepause und wirkt ausgesprochen erholsam – nicht umsonst fährt man »ins Grüne«, um sich zu regenerieren: Auf eine grüne Fläche oder einen sommerlichen Laubwald zu blicken beruhigt nicht nur die Augen, sondern wirkt auch auf der emotionalen Ebene sehr entspannend. Man balanciert sich aus, findet zu seiner Mitte zurück – und in diesem Sinne ist Grün sogar die Farbe der Heilung. Rudolf Steiner spricht insbesondere dem Smaragdgrün besonders gute Heilenergien zu, und Hildegard von Bingens gesamtes Konzept fußt auf der »Grünkraft«, *viriditas*, einer Kraft, die ihr zufolge in der Mitte eines jeden wohnt und die Grundlage der Heilung bildet.

Grün tut gut, beruhigt und wird daher außerdem mit dem Angenehmen und Milden assoziiert. Denkt man daran, dass Grün sich zusammensetzt aus Gelb, das mit dem Licht gleichgesetzt wird, und Blau, das für Finsternis und Schatten steht, ist Grün zwischen beiden demnach der Halbschatten: das Angenehme und Milde.

Grünbetonte Persönlichkeiten In der Essenz ist Grün jedoch die Farbe der ausgleichenden Mitte und davon abgeleitet auch die der Körpermitte, des Herzens. Grünbetonte Menschen handeln so häufig aus dem Herzen heraus oder versuchen, beruhigend auf andere einzuwirken. Aber Grün ist nicht nur ausgleichend, sondern auch träge und damit zugleich die Farbe von phlegmatischen Menschen, denen der Antrieb fehlt. Verlassen sie allerdings ihre Komfortzone, sind sie oft heilend tätig und dabei ausgeglichen, bescheiden, beständig und liebevoll. Da sie zudem auf die beiden sehr gegensätzlichen Energien von Gelb und Blau zurückgreifen können, die sich in Grün treffen, ist ihnen auch eine tolerante Haltung eigen, die vieles akzeptieren kann. Sie können beide Seiten nachvollziehen und werden sich immer für eine friedliche, harmonische Lösung einsetzen, die einen fairen Ausgleich schafft – und die typisch grüne Balance wiederherstellt.

Vokabeln

Mitte, Balance, Harmonie, Ausgleich, ausgewogen, symmetrisch, Ruhe, unbeweglich, träge, genügsam, zeitlos, neutral, beruhigend, heilsam, erholsam, regenerierend, entspannend, tolerant, Fülle, Phlegmatiker.

Raumgestaltung – perfekte Symmetrie

Viele wünschen sich ein harmonisches Zuhause, das Ruhe ausstrahlt und dabei hilft, sein Gleichgewicht wiederzufinden und neue Kraft zu schöpfen. Grün ist dafür ideal, denn es wirkt ausgesprochen beruhigend und erholsam, was es früher zur beliebten Farbe für Salons und Gesellschaftszimmer machte. Auch heute ist es sicherlich eine angenehme Farbe für nahezu jeden Raum im Haus. Doch was in der Natur sehr stimmig wirkt – in den eigenen vier Wänden möchte man meist trotzdem nicht dauerhaft allein von Grün umgeben sein, auch wenn man Wald und Wiese noch so zugetan ist. Erst recht nicht, wenn man weiß, dass grün gestrichene Flächen einen Raum nicht nur ausbalancieren, sondern die Bewohner auch leicht träge werden lassen – oder wie Goethe es ausdrückte: »Man will nicht weiter, und man kann nicht weiter.« Trotzdem gibt es keine Farbe, die so ausgleichend wirkt. Gerade diesen Effekt kann man allerdings genauso gut mit den Übersetzungen der Farbe erzielen, ohne dass auch nur ein grünes Bild an der Wand hängt.[16]

Grün entspricht in der Einrichtung ein klar strukturierter, geordneter sowie vor allem ausgewogener Stil. Hier bieten sich für die Möbelstücke klassische, geradlinige Formen an, die harmonisch, aber auch statisch und leicht starr wirken. Um dabei das ausgewogene Gesamtbild zu erhalten, kann man dem Raum ein Raster zugrunde legen. Dazu wird beispielsweise die Waagerechte durch Sideboardkanten, Regale, das Sofa und den Couchtisch hervorgehoben. Diesem horizontalen wird ein vertikaler Akzent gegenübergestellt, zum Beispiel in Form eines schlanken, hohen Glaszylinders oder durch Schiebevorhänge mit schlanken Paneelen, die die Senkrechte betonen. Der Raum bekommt dadurch die Grün eigene ausbalancierte Struktur und eine ausgeglichene Atmosphäre, in der die Zeit stillzustehen scheint…

Für den typisch zeitlosen, ruhigen Raumeindruck kann man sich bei der Farbpalette auf – möglichst neutrale – Töne einer Farbfamilie beschränken. Genauso sollten alle Einrichtungsgegenstände perfekt aufeinander abgestimmt sein, wobei sie sich nicht notwendigerweise in einem Stil bewegen müssen; immerhin setzt sich auch ein Grün aus zwei unterschiedlichen Impulsen zusammen. Die Mischfarbe Grün spiegelt sich daher in einem Mix aus unterschiedlichen Materialien, wie zum Beispiel der Kombination von glänzend und matt in dem Nebeneinander von polierten Chromgestellen auf matten Sisalteppichen. Genauso passt ein Hell-dunkel- oder der Kalt-warm-Kontrast von kaltem Stein neben warmem Holz oder einer warmen, feinen Wolldecke auf dem kühlen Leder eines Sofas. Schließlich schafft auch die Kombination von großen auffälligen (gelben) und kleinen dezenten (blauen) Stücken – bei denen jedoch über Farbe, Form oder Textur eine optische Brücke zwischen den unterschiedlich großen Elementen geschlagen werden sollte – einen »grünen«, da vereinenden, ausgleichenden Eindruck. Spinnt man den Faden bei den Details einer Raumgestaltung weiter, wäre beispielsweise die Zeichnung eines aufrecht stehenden Mannes mit selbstbewusst geöffneten Armen, die über der Skulptur einer in sich zusammengesunkenen Frau hängt, »grün« – männlich und weiblich, extrovertiert und in sich zurückgezogen, Gelb und Blau. Beide Impulse verschmelzen in Grün zu einem harmonischen Ganzen, das Ruhe und Ausgewogenheit ausstrahlt.

Mode – Harmonie der Gegensätze

Im Gegensatz zu grünen Interieurs sieht man Kleider in Grün eher selten. Dabei ist es eine fast neutrale Farbe, die zudem einen guten Hintergrund für viele andere Farbtöne abgibt, die in Kombination mit Grün erst richtig zum Strahlen gebracht werden. Außerdem setzt sich die harmonische Wirkung der Farbe auch in der Mode fort, und in grünen Kleidungsstücken macht man in der Regel einen angenehmen, ausgeglichenen und großzügigen Eindruck auf andere.

Um ein tatsächlich grünes Ensemble in seiner Wirkung noch zu verstärken oder um die harmonische Ausstrahlung von Grün ohne die Verwendung der Farbe selbst modisch umzusetzen, kann man auf ausgewogene Designs zurückgreifen, die sowohl im Schnitt als auch in der Farbwahl nie schrill oder extravagant und asymmetrisch sind, sondern einen harmonischen, klassischen und absolut zeitlosen Stil widerspiegeln.

Der ausbalancierten Ruhe von Grün entsprechen zum Beispiel harmonische klassische Formen, wie man sie in den Kleidern der Modedesignerin Madame Grès findet. Sie ließ die antiken griechischen Gewänder wiederaufleben. Es waren ordentlich drapierte Roben, an denen jede Falte exakt an der vorgesehenen Stelle fixiert war, was neben der Harmonie der Formensprache auch die unbewegliche Ruhe von Grün umschreibt.

Alltagstauglicher umgesetzt entsprechen Grün klassische Hosenanzüge. Um der Balance von männlichen und weiblichen Aspekten Rechnung zu tragen, achtet man hier bei eher strengen, maskulinen Hosen darauf, dass die dazu ausgewählten Jacken beispielsweise runde Revers haben, oder man kombiniert sie mit taillierten, dekolletierten Blazern. Daneben sollten die Stoffe weich und fließend sein, um ein zusätzliches weibliches Element einzuweben und den insgesamt maskulinen Gesamteindruck eines Hosenanzugs auszubalancieren.

Dieselbe harmonische Zusammenführung von Gegensätzen kann man über die Materialwahl noch einmal verstärken, indem man kühle und warme Stoffe oder fließende Gewebe und solche mit Stand miteinander kombiniert, beispielsweise ein Seidentop auf einer Wollhose. Auch kühle, fließende Seide allein (Blau), die sich auf der Haut aufwärmt sowie strahlt (Gelb), drückt die Qualität von ausbalanciertem Grün aus. Genügsames Grün findet sich aber auch in anspruchslosen, einfachen Stoffen wie Baumwolle oder Leinen wieder. Geht man noch einen Schritt weiter und betrachtet nicht nur die Stoffarten selbst, sondern auch deren Bindung, dann entsprechen Grün alle sogenannten Leinwandbindungen, bei denen der Schussfaden regelmäßig abwechselnd unter und über den Kettfäden hindurchgeht, was ein harmonisches, klares Bild ergibt.

Übersicht

Raumgestaltung kurz und knapp:

Grün prägt eine ruhige Atmosphäre in einem ausgewogenen, zeitlosen Stil, bei dessen Möbelstücken klassische Proportionen und harmonische Formen dominieren. Durch eine Rasterung des Raumes wird eine harmonische, symmetrische Gestaltung erreicht. Grün entspricht daneben ein Mix aus blauen und gelben Elementen wie matt-glänzend, weich-hart, dezent-auffällig, klein-groß, kalt-warm und so weiter, der sich zu einem harmonischen Ganzen verbindet.

Mode kurz und knapp:

Ein ausgewogener, zeitloser Stil mit harmonischen Proportionen und einer symmetrischen Schnittführung spricht eine grüne Sprache. In der Mode entspricht Grün die Kombination aus »blauen« und »gelben« Elementen wie matt-glänzend, weich-hart, dezent-auffällig, klein-groß, kalt-warm und so weiter, die sich beispielsweise in einem maskulinen Hosenanzug mit weiblichen Details wiederfindet. Typisch sind daneben Kleider in klassischen Formen und einfache, anspruchslose Materialien.

Hellgrün/Jade: Meditative Auszeit

Geistige Ruheinsel Gelb und Blau sind in hellem Grün auf eine höhere Ebene gehoben worden und entsprechen dort ihren hellen, lichteren Versionen. Leises, einladendes Vanille und die luftige Weite von Himmelblau, in der die Gedanken sich frei entfalten und auf Wanderschaft gehen können, verbinden sich in Jade zu einer meditativen Atmosphäre. Während mittleres Grün vor allem ausgesprochen beruhigend auf den Körper und die Emotionen wirkt, gleicht ein Jadegrün den Geist aus und lässt ihn zur Ruhe kommen. Anregende und beruhigende Gedanken halten sich die Waage.

Meditative Ruhe Dabei kann unaufdringliches helles Grün seltsam unbeteiligt wirken. Hellorange beispielsweise scheint den Betrachter mit offenen Armen zu erwarten, Zartgelb tippt sachte den Geist an, Hellblau weitet und klärt ihn, aber ein Pastellgrün bleibt neutral. Bei näherer Betrachtung erkennt man allerdings, dass statt »unbeteiligt« oder »neutral« ein Begriff wie »besonnen« den Kern viel besser trifft. Blasses Grün ist nicht nur ausgeglichen und ausbalanciert. Denn wo Grün sein Gleichgewicht gerade erst durch das Verschmelzen der gegensätzlichen Impulse von Gelb und Blau erreicht hat, hat Hellgrün diese Balance bereits verinnerlicht und sich eine Stufe weiterentwickelt. Helles Grün strahlt fast eine Art »Meisterqualität« aus, und wollte man einen passenden neuen Namen finden, würde sich Zen-Grün anbieten.

Gelassene Ausgeglichenheit Die Harmonie von luftigem Pastellgrün ähnelt dabei einem Balanceakt, der in schwindelnder Höhe, aber sicher und gekonnt ausgeführt wird. Denn dank seiner gelassenen Ausgeglichenheit kann ein helles Grün sein Gleichgewicht überall halten. Jadegrün ist durch Weiß aufgelockertes Grün, das nun nicht mehr nur bewegungslos und teils träge wirkt, sondern mühelose Balance und eine souveräne Ruhe ausstrahlt.

Vokabeln

Balanciert, harmonisch, geordnet, ausgeglichen, gelassen, meditativ, leise, schlicht, bescheiden, dezent, neutral, leicht, licht, friedvoll, lind, Zen.

Raumgestaltung – ein neutraler Ort

Der Ausgleich und die Ruhe wurden bei Grün noch durch das Nebeneinander von gelben und blauen Elementen erreicht, wie zum Beispiel der Kombination von warmen und kalten oder harten und weichen Materialien. Bei Jadegrün ist die Verbindung beider Ausgangsfarben bereits abschlossen.

Es gibt kein Nebeneinander mehr und auch keine nur rein optische Verschmelzung verschiedener Elemente, sondern der Fokus liegt auf dem Neuen: der Aufhellung mit Weiß. Dadurch wird das Grün auf eine lichtere, ätherische Ebene gehoben, die nicht nur körperlich beruhigend wirkt, sondern eine meditative Atmosphäre schafft, in der auch die Gedanken zur Ruhe kommen. Wie ein Garten im Zen-Stil unterstützt helles Grün die Meditation, der Geist wird beruhigt und zentriert. Die neutralen Blassgrüntöne eignen sich damit für alle Wohnbereiche, in denen man sich entspannen möchte, da sie beruhigend und lind, aber nie zu kühl wirken. Sie schaffen Räume wie ein Spa – die friedliche Atmosphäre wirkt beim Betreten sofort erholsam, und der stressige Alltag tritt in den Hintergrund.

Jade scheint wie gemacht zu sein für den fernöstlichen Einrichtungsstil: schlicht, ästhetisch und klar strukturiert. Die Wirkung von blassgrünen Wänden kann man so zum Beispiel mit einer strukturierten Raumaufteilung verstärken, da auch sie dem Auge Ruhe bietet und hilft, die Gedanken zu ordnen. Wässriges Grün drückt sich – ganz im Sinne des Zen-Stils – daneben in einer reduzierten Gestaltung aus, die nicht überladen oder vollgestellt wirkt, sondern klar und übersichtlich mit vielen freien Flächen.

Denn wie allen mit Weiß aufgehellten Farben entsprechen auch Jade großzügige, lichte Räume mit nur wenigen Einrichtungsgegenständen, unter die sich einzelne klassische Stücke mischen können, in denen das reine Grün noch anklingt. Auch leichte Bambusmöbel in ausgewogenen Formen sprechen die Sprache von blassem Grün, genauso helle, gedeckte und natürliche Töne, die zur lichten, erholsamen Atmosphäre beitragen.

Damit die Räume nichts von ihrer ruhigen Ausstrahlung verlieren, sollte bei der (ohnehin zurückhaltenden) Dekoration oder beim Einräumen von offenen Regalen auf einen ausgewogenen Gesamteindruck geachtet werden. Wichtig sind dafür Anknüpfungspunkte zwischen den einzelnen Stücken, zum Beispiel ein Objekt, das in gleichmäßigen Intervallen als ruhender Pol immer wiederkehrt. Erkennbare Bezüge zwischen den verwendeten Farben, Texturen und Einrichtungsgegenständen schaffen zusätzlich Ausgewogenheit. Denn in »jadegrünen« Räumen herrscht keine Kakophonie, sondern eine meditative Ruhe, und die Dinge im Raum korrespondieren miteinander – leise.

Mode – Klassik light

Pastelliges Grün wirkt fein, ästhetisch und erinnert an zierliche Schneeglöckchen oder die ersten schlanken Halme nach dem Winter. Es ist ein sehr zarter Farbton, mit dem man dezent und harmonisch gekleidet ist – allerdings erscheint man auch nicht sehr durchsetzungsfähig, sondern genauso ätherisch wie durchscheinendes Blassgrün selbst.

Wie Mittelgrün einem ausgewogenen, klassischen Stil entspricht, so wird ein helles Grün am besten mit »Klassik light« oder »ätherischer Klassik« umschrieben, denn der Stil präsentiert sich durch das leichte Weiß deutlich zarter und luftiger als der mittelgrüne. Die grundlegend harmonischen Proportionen bleiben bestehen, und auch bei hellem Grün werden keine auffälligen Extravaganzen oder asymmetrischen Schnitte auftauchen, die das Gleichmaß stören würden. Hellgrüne Kleidungsstücke wirken harmonisch, zeitlos und unaufdringlich. Sie sind schlicht im Sinne von einfach und klar.

Ein Beispiel aus der Geschichte sind die als Empire- oder Chemisenkleider bekannten zarten Modelle, die man in Jane-Austen-Verfilmungen häufig sehen kann: hohe Taillen und gerade fallende Röcke bei pastellfarbenen Kleidern aus dünnem Musselin. Gerade die Rückbesinnung auf den bis heute als Ideallinie empfundenen Stil der klassischen Antike spricht die Sprache der Grüntöne, die ebenfalls die absolute Mitte, das goldene Maß abbilden. Die damalige Neuerung, Kleider ohne Korsetts zu tragen, entspricht daneben der natürlichen und gelassenen Qualität von Zartgrün. Zudem war mit der Abkehr von den starren, mit Fischbein verstärkten Oberteilen auch eine neue, einfache Leichtigkeit verbunden, die auch ein Pastellgrün ausstrahlt. Der lockere, natürliche Faltenwurf zeigt den Übergang von zwar ruhigem, aber noch unbeweglichem Mittelgrün hin zu der souveränen Harmonie seiner hellen Nuance. In einer modernen Form findet man diese Mode heute in schlichten Tuniken mit hoher Taille wieder, die durch die zarten Stoffe wie Batist oder Seide sehr anmutig wirken.

Die geradlinigen Formen haben vor allem durch diese dünnen, halbtransparenten Materialien – es passen auch dünn gewebter Popeline, Musselin oder Gaze – eine besondere Grazie, und die Leichtigkeit der duftigen, hauchzarten Stoffe umschreibt die wenig greifbare Essenz von Blassgrün. Die schnörkellosen Schnitte und deren harmonische Wirkung werden unterstrichen durch eine helle, ruhige Farbpalette und unifarbene oder dezent gemusterte Stoffe mit klarer, glatter Struktur. Schmuck und Accessoires wirken für sich allein. Sie sind in dezenten Formen gehalten, aus leichten Materialien gefertigt und fügen sich harmonisch in das Gesamtbild ein, ohne die Aufmerksamkeit auf sich zu lenken.

Übersicht

Raumgestaltung kurz und knapp:
Hellem Grün entspricht ein entspannender, meditativer, teils fernöstlich angehauchter Stil mit Möbelstücken in ausgewogenen, schlichten Formen. Erkennbare Bezüge zwischen den einzelnen Einrichtungsgegenständen, Texturen und Farben schaffen eine ruhige Atmosphäre. Die hellen Räume wirken aufgeräumt und sind ohnehin nur sparsam ausgestattet mit leichten Möbelstücken, klassischen Einzelstücken und unifarbenen Stoffen oder dezenten Musterungen in natürlichen Tönen.

Mode kurz und knapp:
»Ätherische Klassik« wäre ein passender Begriff für die schlichten, schnörkellosen Kleidungsstücke aus zarten, halbtransparenten Stoffen, die an klassische Vorbilder erinnern. Typisch sind eine helle, ruhige Farbpalette und dezenter, zarter Schmuck.

Dunkelgrün/Tanne: Tiefe Ruhe

Stille und Stabilität Die ausgleichende Stimmung von Grün wird in seinen dunklen Tönen zu einer tiefen Ruhe gesteigert. Robustes Tannengrün hält die für Grün charakteristische Balance auf einer tieferen Ebene. Es ist kein Farbton, der leicht zu verunreinigen oder – im übertragenen Sinn – zu verunsichern wäre; kaum etwas bringt es aus der Fassung. In dunklem Grün kommt nicht nur alles zur Ruhe, sondern es wirkt auch ungemein beruhigend auf andere – alles Schrille scheint von Tannengrün absorbiert zu werden wie von einem dichten Wald, der den Zivilisationslärm schluckt.

Sicheres Fundament Der tiefe Grünton strahlt eine wohltuende Schwere und Stabilität aus, bei der man das Gefühl hat, sich ihr bedingungslos anvertrauen zu können. Man fühlt sich mit diesem Farbton harmonisch geerdet und gefestigt. Tannengrün ist ein Synonym für ein konkretes, sicheres Fundament, auf dem man stehen und sich ohne Hast die nächsten Schritte überlegen kann.

Status quo, Ordnung und Struktur Doch vorerst ist es genau richtig, sich hier aufzuhalten, zu verharren, den Status quo zu halten. Denn dunkles Grün kennt die natürliche Ausgeglichenheit von Mittelgrün nicht, das nur vorwärtsdrängendes Gelb und zurückweichendes Blau ausbalancieren muss. In Tannengrün ziehen zusätzlich die schweren dunklen Anteile nach unten, weshalb es ihm schwerer fällt, die Balance zu halten. Es fürchtet sich, seine sichere Basis könnte ins Wanken geraten, und sucht daher beständig nach Ordnung und

Struktur. Es muss die Kontrolle behalten, um sich sicher fühlen zu können. Dadurch wirkt ein dunkles Grün allerdings teils unbeweglich, konservativ und übertrieben herb.

Überlegte Aktionen Anders als bei Schwarz, das sich in keine Richtung bewegt, hat dunkles Tannengrün jedoch das Potenzial, aus der Stille aufzutauchen, aufzustehen und zu einer ruhigen, bedachten Handlung zu schreiten – wohlgemerkt »zu schreiten«, nicht zu eilen. Hektik, Stress oder gar Panik sind Begriffe, die im Vokabular von dunklem Grün nicht vorkommen. Denn das flüchtige Blau wird in den dunklen Tiefen von Tannengrün verankert und bleibt als klare, verlässliche Qualität erhalten. Und der rastlos vorwärtsdrängende Impuls von Gelb ist hier so weit abgeschwächt, dass er allein noch für wenige bedächtige Aktionen ausreicht. Das laute Gellen von Gelb aber wird in einem dunklen Grün zu einem gedämpften Ton, der den Charakter von Tannengrün zusammenfasst: kontrolliert und gemäßigt.

Vokabeln

Still, beruhigend, erdend, dämpfend, streng, herb, ernst, konservativ, traditionell, wertbeständig, verlässlich, konkret, statisch, stabil, robust, beständig, kontrolliert, sicher, Status quo, gediegen.

Raumgestaltung – sicheres Fundament

Tannengrün vermittelt ein Gefühl von absoluter Sicherheit – es ist ein Zur-Ruhe-Kommen in geschützter Umgebung. In dunklem Grün gestaltete Räume wirken fast still und strahlen etwas Bedächtiges, Traditionelles aus. Wie bei allen sehr dunklen Farben sollte man aber bedenken, dass sie Räume optisch verkleinern und leicht drückend wirken können. Stellt man ihnen zudem keine modernen, jungen Farben – wie zum Beispiel Fuchsia oder Türkis – zur Seite, weckt gerade Tannengrün eher Assoziationen von alteingesessenen Herrenclubs oder Jagdzimmern.

Die für dunkles Grün typische Sicherheit und Stabilität kann auch durch eher konservative, robuste Möbelstücke erreicht werden. Sie sollten auf eine möglichst lange Geschichte zurückblicken und auf angenehme Weise Beständigkeit und Ruhe ausstrahlen. Herbe, kräftige Farbtöne unterstützen den greifbaren, sicheren Eindruck, den die Möbel erwecken.

Auch die klare Linienführung von schmucklos-funktionalen Shaker-Möbeln umschreibt den schnörkellosen, leicht kantigen Stil von dunklem Grün, das viel Wert auf Funktionalität und Wertbeständigkeit legt. Eine solide Verarbeitung ohne verzierende Ornamente und die für Tannengrün charakteristische Strenge zeichnen die Möbelstücke in durchgängig traditionellen Formen aus. Besonders aus massivem, dunklem Holz gefertigt strahlen sie etwas sehr Verlässliches aus, das dem Sicherheitsstreben von Dunkelgrün entspricht.

Diesen Räumen haftet stets etwas Nüchternes an, da dunkles Grün die Kontrolle behalten möchte. Ohne die Souveränität von klarem Grün, das den Spagat zwischen seinen beiden Ursprungskräften meistert, wirkt die Ruhe von Dunkelgrün noch verkrampft und kontrolliert. Wenn es daher nur wenige ausgesuchte Stücke aus robusten, schweren Materialien im Blick behalten muss, reicht ihm das vollkommen aus. Auch überflüssige Dekoration und sonstiger Kleinkram findet sich in »dunkelgrünen« Räumen aus diesem Grund nicht. Stattdessen sind breite Holzdielen, Steingut, Putz, Klinkerwände und sichtbare Balken (die Struktur im Auge behalten) sowie festes Leinen oder Baumwolle als strapazierfähiger Bezug für Sofas und Stühle klassisch dunkelgrün.

Bei Tannengrün geht es in erster Linie darum, einen sicheren Rahmen zu schaffen, ein Zuhause, das auf einem stabilen Fundament steht und zugleich praktisch sowie vertraut ist.

Mode – es lebe die Tradition

Tannengrün macht seinem Ruf, konservativ und leicht langweilig zu wirken, alle Ehre, wenn es die einzige Farbe in einer Garderobe ist. In Kombination mit zum Beispiel lebhaftem Türkis kann es aber seinen ganzen Charme ausspielen. Aber ein Outfit komplett in dunklem Grün wirkt immer etwas ländlich und erinnert viele eher an Lodenjanker, Wadenstrümpfe und Forstwirte als an gediegene Eleganz. Dunkelgrün muss in klaren, strengen Schnitten daherkommen, dann garantiert es eine verlässliche Ausstrahlung. Man wirkt sicher – als habe man alles unter Kontrolle.

Der kontrollierten Ruhe von Dunkelgrün entsprechen neben strengen auch bewährte Schnitte. Dunkles Grün sucht keine Experimente und möchte nicht aus der Rolle fallen, sondern im Gegenteil seine stabile Position halten. Das gelingt am besten mit zeitlosen, eher konservativen Kleidungsstücken: beispielsweise traditionelle Faltenröcke in moderater Länge, kombiniert mit Twinsets, klassischen Perlenketten und soliden Schuhen, mit denen zugleich der sichere Stand gewahrt werden kann.

Insgesamt weist Dunkelgrün zwar schon denselben geradlinigen Stil auf wie reines Grün, doch er wirkt noch deutlich unbeweglicher, steifer und eckiger.

Ähnlich wie in der Raumgestaltung, die weitgehend ohne Dekoration auskommt, verzichtet ein Tannengrün auf Schmuck, hübsche Tücher und sonstige Accessoires, die nur der Optik dienen. Eine zuverlässige, langlebige Uhr, ein strapazierfähiger Wollschal und womöglich ein praktischer Regenschirm fehlen dagegen nicht.

»Dunkelgrüne« Kleidungsstücke sind in festen, robusten und teilweise ausgesprochen steifen Stoffen umgesetzt, wie derbe Gabardine, Tweed, Cord, Shetlandwolle oder Tartanstoffe, die daneben auch Tradition verkörpern – ein Muss für dunkles Grün mit seinem Festhalten an Sicherem und Bestehendem. Generell passt jedes Material, das verspricht, dauerhaft zu halten und strapazierfähig zu sein, zu Dunkelgrün, welches den momentanen Zustand konservieren möchte.

Übersicht

Raumgestaltung kurz und knapp:

Dunkles Grün prägt eine sichere, ausgesprochen ruhige Atmosphäre, in der sich robuste und massive Möbelstücke mit traditionellen Anklängen finden. Sie sind schnörkellos gehalten, funktional, solide verarbeitet, leicht kantig und sprechen eine strenge, nüchterne Formensprache wie zum Beispiel Shaker-Möbel aus dunklem Holz. Auch Klinkerwände, sichtbare Balken, Holzdielen, Steingut, strapazierfähige, einfache Stoffe und herbe, kräftige Farben sind typisch tannengrün.

Mode kurz und knapp:

Dunklem Grün entspricht der klassische, konservative Stil ohne Experimente. Tannengrün kann man übersetzen in bewährte Schnitte, Faltenröcke in moderater Länge, Twinsets, solide Schuhe und Stoffe in langlebiger, robuster und immer auch etwas steifer Qualität.

Von der luftigen Höhe eines Himmelblau bis zur unendlichen Tiefe von Indigo:

Die Blautöne

Blau … Diese volle Leere, dieses Nichts, das alles Mögliche umfasst, diese übernatürliche, ästhetische Stille der Farbe.

Yves Klein

Blau ist Ruhe, Vertiefung, Geist und Weite.

Mittelblau/Marienblau: Ruhige Vertiefung

Weite Mit Blau kommt Ruhe, Frische und Tiefe in die Farbpalette. Man assoziiert fast immer den Himmel oder das Meer mit Blau, und die Farbe selbst wirkt ebenso kühl und bodenlos. Blau erstreckt sich allerdings nicht nur in die Tiefe, sondern flüchtet sich in jede Richtung: Leichtes Blassblau verliert sich in der kühlen Luft des Himmels, mittleres Blau zieht sich in die Ferne des Horizonts zurück, und ein schweres Dunkelblau sinkt tatsächlich in die Tiefe. Blau ist die Farbe der Weite und Distanz. Sie weicht vom Betrachter zurück und strahlt dabei nichts Einladendes aus. Sie sucht nicht die Nähe wie die warmen Farbtöne, sondern entzieht sich vielmehr in weit entlegene Bereiche, in die man nicht folgen kann. Blau ist das große Nichts: nicht greifbar, flüchtig, zurückweichend.

Flüchtig und sich entziehend In diesem Zusammenhang ist es bezeichnend, dass sich der Farbname Blau sprachgeschichtlich vielerorts erst spät entwickelt hat. Die alten Römer beispielsweise kannten kein Wort für Blau, und einige Sprachen unterscheiden nicht zwischen Grün und Blau, sondern verwenden beide Farbnamen synonym.[17] Genauso bezeichnen die Isländer sämtliche Nuancen zwischen Schwarz und Blau mit einem einzigen Wort. All dies unterstreicht nur das schwer Bestimmbare, das kaum Greifbare, das Blau umgibt. Im Fall der isländischen Sprache wird Blau sogar direkt auf eine Stufe mit dem Finsteren, dem Undurchsichtigen gestellt.

»Ein reizendes Nichts« Blau ist die Farbe des Immateriellen, und Goethe sprach von Blau als »reizendem Nichts« – es verfehlt seine Wirkung nicht, bleibt dabei aber seltsam flüchtig. Das meiste, was wir in der Natur als blau wahrnehmen, sind überdies selbst nur flüchtige, irreale Erscheinungen, wie etwa Schatten oder die Atmosphäre. Selbst der Himmel, Meere oder Seen erscheinen zwar oft blau, sind es allerdings nicht. Im Grunde blicken wir im Fall des Himmels auf die Schwärze des Alls. Lediglich aufgrund des seitlich einfallenden Sonnenlichts, das die Atmosphäre beleuchtet, nehmen wir den Himmel als blau wahr. Ein in meinen Augen zentraler Satz zu Blau, der hier nahtlos anschließt und zugleich das Wesen der Farbe klar umreißt, stammt von Yves Klein: »Was ist Blau? Das Blau ist das sichtbar werdende Unsichtbare.«

Yves Klein, für den jede Farbe eine lebendige Welt war, hat gerade die übernatürliche Aura von Blau so intensiv studiert wie kaum jemand sonst. Sein Ziel war es, das Geistige dieser Farbe greifbar zu machen. Blau war für ihn die Welt der Freiheit und Weite[18], und seine monochromen Bilder in dem Blauton, den er sogar für sich patentieren ließ – ein tiefes, sattes und samtiges Ultramarin –, scheinen den Betrachter regelrecht in sich hineinzuziehen in unendliche Weiten, in übernatürliche, irreale Welten.[19]

Sehnsucht und Emotionen In der Romantik symbolisierte daher womöglich gerade die *blaue* Blume ein zentrales Element: die Sehnsucht nach etwas außerhalb dieser Welt und, sicherlich ebenso schwer zu erreichen, nach der inneren Wahrheit. Sind diese inneren Werte mit der Hilfe von Blau gefunden, werden sie jedoch nicht nach außen getragen, sondern sind das, was man als Seelenfrieden und innere Kraft bezeichnet, die so nur über Blau erreicht werden können. Als Wasserfarbe steht

es zudem eng mit den Emotionen in Verbindung, die in jener tiefgehenden blauen Innenschau ebenfalls ausgelotet werden.
Vertiefung Mit Blau erlebt man durch die Sogwirkung der Farbe automatisch eine Vertiefung und ein Loslösen von der äußeren Welt. Ganz im Gegensatz zu seinem Komplementär Orange, das im Außen agiert und sich dort erleben will, zieht sich Blau zurück und sucht die Antworten auf drängende Fragen in sich.
Himmlisches Blau Die sich entziehende, in die Tiefe strebende Tendenz der Farbe verband Kandinsky mit einer überirdischen Bedeutung von Blau: »Je tiefer das Blau wird, desto mehr ruft es den Menschen in das Unendliche, weckt in ihm die Sehnsucht nach Reinem und schließlich Übersinnlichem. Es ist die Farbe des Himmels, so wie wir ihn uns vorstellen bei dem Klange des Wortes Himmel. Blau ist die typisch himmlische Farbe.« Dem entspricht auch die Verwendung von Blau in der Malerei, da die Künstler für den Umhang Marias meist Blau wählten. Man hat sich dies damit erklärt, dass blaue Farbpigmente, wie das Lapislazulipulver im Ultramarinblau, sehr kostspielig und auch schwer zu beschaffen waren. Die Tradition, gerade diese wertvolle Blaunuance für die Kolorierung des Mantels der Gottesmutter zu verwenden, um deren Sonderstellung zu betonen, erschließt sich jedem sofort. Andere gehen davon aus, dass der Ursprung des blauen Marienmantels in der Bibel zu finden ist, in der die Farbe Blau die himmlische Farbe ist, aber auch die des Meeres. Damit verbindet sie Göttliches mit dem Irdischen, genauso wie Maria als Mittlerin zwischen Himmel und Erde auftrat – was auf vielen Darstellungen noch verstärkt wird durch die Kombi-

nation aus rotem Untergewand (die Materie, die Erde) und blauem Überwurf (das Immaterielle, das Himmlische).[20] Eine Ahnung von der überirdischen Qualität von Blau bekommt man in Kirchen mit blau verglasten Fenstern, wie beispielsweise der Sankt-Stephan-Kirche in Mainz. Ihre Chagallfenster in verschiedenen Blautönen schaffen eine besondere, fast mystische Stimmung.

Immaterielles Blau Überirdisches Blau steht am Ende der Reihe der Grundfarben, die sich von kraftvollem Rot, der Farbe der Materie und des Körpers, über Gelb als Ebene des Intellekts kontinuierlich weiterentwickeln hin zu der vergeistigten, »spirituellen« Qualität von Blau, das auch das Himmlische umfasst. Blau steht demnach diametral zu den beiden anderen Primärfarben. Es ist der Gegenentwurf zur strahlenden, sich verströmenden Kraft von Gelb, das sich laut und teils ungebeten zu Wort meldet. Ein Gelb kann in seiner Leuchtkraft nicht übersehen werden. Das leise Blau hingegen wendet sich von der Welt ab, zieht sich zurück und löst sich in der Ferne auf. Blau ruht in sich und strahlt eine unprätentiöse, unaufdringliche Ruhe aus, die sich selbst genügt. Es ist unabhängig vom Außen – auch ganz im Gegensatz zu Rot, das Einfluss nehmen, dominieren will. Rot ist zudem sichtbar gemachte Kraft, aber auch schiere Substanz. Blau ist das Gegenteil: die Befreiung von jeder Stofflichkeit, um sich in schwerelose Sphären zurückziehen zu können. Es ist die Farbe der Schatten, es ist nurmehr das immaterielle Abbild eines Körpers.

Ruhe Neben dieser überirdischen, passiven, sich zurückziehenden Wirkung von Blau fällt vor allem die ungeheure Ruhe auf[21], die die Farbe ausstrahlt. Im Unterschied zum absolut

Ausbalancierten, fast Phlegmatischen von Grün ist es bei Blau allerdings eher Ruhe durch Abwesenheit, es ist Rückzug und Vertiefung. Menschen, die Blau lieben, werden daher oftmals als introvertiert oder gar melancholisch eingeschätzt. Tatsächlich treten sie meist distanziert sowie sehr zurückhaltend auf. Sie verhalten sich in Gesprächen eher beobachtend, statt selbst das Wort zu ergreifen. Denn Blau drängt sich nie in den Vordergrund, sondern es ist ein abwartender, zurückgenommener Farbimpuls. Doch diese scheinbare Teilnahmslosigkeit ist eher ein Überlegen, ein gründliches Abwägen der Situation als echte Passivität. Mit Blau gelingt es, einen Schritt zurückzutreten und alles in Ruhe und mit Abstand zu betrachten, es zu vertiefen. Wenn sich blaubetonte Menschen dann wieder zu Wort melden, strahlen sie eine überlegte Kraft aus und sind klar in ihrem Ausdruck sowie in ihren Ansichten.

Sicherheit Daneben sind Menschen, die Blau lieben, meist auch zuverlässig, verantwortungsbewusst und treu. Sie können ausgesprochen beruhigend auf andere einwirken und mit ihrer ruhigen Sicherheit Klarheit in die Gedanken von aufgebrachten Menschen bringen. Diese Sicherheit oder der Schutz, den Blau ausstrahlt, leitet sich einerseits aus seiner Distanz ab: Blau wirkt nicht greifbar und – im übertragenen Sinne – unantastbar. Andererseits vermittelt die kühle Ruhe von Blau Neutralität, überlegte Besonnenheit und Verlässlichkeit. Ein intensives Rot pulsiert mit ungezähmter Kraft, ein lautes Gelb will alles ausleuchten und drängt dabei unruhig stetig weiter nach vorne. Doch die zurückhaltende und klare Haltung von Blau flößt Vertrauen ein, seine kühle Distanz vermittelt Objektivität, Vernunft und wiederum – Sicherheit.

Vokabeln

Ruhe, Ferne, Weite, Ewigkeit, Vertiefung, Geist, Seele, leise, weich, rein, klar, pur, schlicht, frisch, kühl, schattig, demütig, unaufdringlich, zurückgenommen, sehnend, sich entziehend, flüchtig, gasförmig, immateriell, introvertiert, distanziert, passiv, beruhigend, entspannend, heilig, weise, friedlich, himmlisch, glaubwürdig, sicher, objektiv, verlässlich, treu, besonnen, vernünftig, vertrauenswürdig, schützend, konzentrisch, Kreis, rund, weiblich, Melancholiker.

Blauer Kreis Blau entspricht allen runden Formen sowie allen fließenden und weichen Elementen. Es sind generell vollendete, zurückgenommene und dezente Formen, allen voran der Kreis, das Symbol für Unendlichkeit – passend für ewiges, himmlisches Blau. Die Kreisform bildet daneben aber auch die zurückweichende, introvertierte Qualität von Blau ab, die »nach innen gekehrt und in sich geschlossen ist«.[22] Dass die Kreisform tatsächlich besser geeignet ist als zum Beispiel das Rechteck, um das Wesen von Blau einzufangen, kann man gut selbst testen, wenn man nacheinander zwei Bilder von Yves Klein betrachtet, die beide im selben Blauton gemalt sind. Das eine Gemälde ist kreisförmig (IKB 54), während das andere ein rechteckiges Format hat (IKB 3). Im Kreis wirkt das Blau stimmiger, die Form unterstützt optisch die sich zurückziehende Wirkung des Blautons, der sich in der Bildmitte in sich selbst zusammenzuziehen scheint. Dieses Gefühl der Unendlichkeit kommt bei dem kantigen, rechteckigen

Gemälde weniger auf, das eher wie ein Rahmen um einen Ausschnitt aus grenzenlosem Blau wirkt – aber nicht stimmig, (da) nicht rund.

Raumgestaltung – kühle Weite

Sind Wände oder großformatige Oberflächen blutrot gestrichen, hat man den Eindruck, die Farbe trete auf einen zu und fordere etwas ein: Aufmerksamkeit und Reaktion. Blaue Flächen dagegen ziehen sich vom Betrachter zurück und überlassen ihm den Raum. Mehr noch, sie erweitern ihn spürbar. Sind Wände und Decke im selben Blauton gestrichen, verschwimmen sogar die Grenzen und Trennlinien. Der Raum wirkt dann weniger eckig, sondern wie ein Kokon – rund, und damit typisch Blau. In blau gestalteten Zimmern kommt man zudem wunderbar zur Ruhe. Man zieht sich dort aus dem Alltag zurück und findet nach einem anstrengenden Tag zurück zu innerem Frieden, weswegen sich der Farbton für alle Schlafräume eignet. Seine Verwendung im Badezimmer dagegen ist zweischneidig: Einerseits fühlt man sich in einem blauen Bad erfrischt, auch verbindet man mit Blau Reinheit und Hygiene. Andererseits dürfte man morgens, umgeben von einem zwar entspannenden, aber allzu passiven Blau, nur schwer in Schwung kommen und in den Tagesrhythmus finden. Der kühlende Effekt der Farbe lässt einen zudem schnell frösteln – ungünstig für einen Raum, in dem man sich häufig unbekleidet aufhält. Im Übrigen wirken viele Blautöne sehr ernsthaft bis ausgesprochen ungastlich. Johannes Itten ging sogar so weit, Blau als Raumfarbe ganz abzulehnen, da »Blau als Innenraum (...) unheimlich, leblos, erschreckend (wirkt), man wagt kaum zu atmen«. Die positiven Eigenschaften der Farbe kann man aber auch ohne tatsächlich blaue Wände oder Oberflächen in eine Raumgestaltung einfließen lassen, zum Beispiel die Weite und schlichte Klarheit, die Blau kennzeichnen. So entsprechen ihm sehr großzügig geschnittene Räume. Oder im hinteren Raumteil werden bewusst kleine Einrichtungsgegenstände platziert, um den Raum tiefer wirken zu lassen und die für Blau so typische Sogwirkung zu erreichen.

Doch selbst nur im »blauen« Stil eingerichtete Räume scheint stets ein kühler Hauch zu durchwehen, der nicht zuletzt auf die bescheidene Einrichtung zurückgeführt werden kann. Typisch für Blau sind sehr schlichte, in den Hintergrund tretende Möbelstücke. Üppige Polsterungen, Kissen, Wohnplaids, dicke Teppiche oder persönliche Accessoires fehlen. Dadurch wirken »einfarbig blaue« Räume ungastlich, karg und fast unbewohnt. Daneben finden sich in Räumen, die Blau in eine Einrichtung übersetzen, nur wenige ausgewählte Möbelstücke, um das Auge und den Bewohner zur Ruhe kommen zu lassen. Eine Vielzahl an Gegenständen oder eine unruhige Raumaufteilung hätten den gegenteiligen Effekt und würden keine blaue Sprache sprechen.

Wo reines Gelb ausgesprochen konturlos und ausladend wirkt, ist Blau stets in sich geschlossen und konzentrisch, weswegen ihm ein ruhiger und wortwörtlich »in sich runder« Stil entspricht. Der Raum wirkt dabei wie ein geschlossenes Ganzes oder bildet sogar einen Kreis nach. Dabei kann ein Thema immer wiederkehren in der Einrichtung: zum Beispiel die typische Kreisform selbst in runden Tischen, abgerundeten Kanten, kurvigen Armlehnen an den Sesseln, bauchigen, runden Vasen und Lampenfüßen sowie in einem Bild, das tatsächlich verschiedene Kreise zeigt. Die Form zitiert sich so ständig selbst und schafft, wenn auch oft nur unterbewusst, einen stimmigen, »runden« Gesamteindruck. Typisch für Blau ist dabei das Fließende im Übergang von einem Einrichtungsgegenstand zum nächsten; harte Kontraste werden genauso vermieden wie scharfe Kanten an Möbelstücken. So könnte ein mit schimmernder grauer Seide bezogener Stuhl vor einem Vorhang aus weißem gewaschenem Leinen stehen, und das dezent grau-weiß gemusterte Stuhlkissen aus einem Seide-Leinen-Mix verbindet beide über Farbe und Material miteinander. Es schafft sanfte Übergänge und den »runden«, in sich geschlossenen Gesamteindruck.

Der zurückhaltende Charakter von Blau lässt sich neben einer grundlegend schlichten und dezenten Gestaltung auch mit glatten, fließenden Materialien in unaufdringlichen Farben erreichen. »Blaue« Stoffe sollten allerdings immer dünn bis durchscheinend sein, um auch den immateriellen Charakter der Farbe wiederzugeben.

Mode – körperloses Fließen

Spätestens wenn man an Jeans denkt, die zu fast allem passen, weiß man, dass Blau in der Mode eine sehr neutrale Farbe ist. Es ordnet sich unter, bleibt im Hintergund und überlässt den Kombifarben den Platz auf der Bühne. Trotzdem wird Blau immer wieder als schwierig bezeichnet, da es dem

Gesicht regelrecht die Farbe entziehen kann; in blauer Kleidung kann der Teint sogar leicht gelblich wirken. Unter der Vielzahl von Blautönen ist zwar mit Sicherheit eine Nuance dabei, die einem schmeichelt – gelbstichige Blautöne wie Petrol können die Augen und den Teint von südländischen Typen zum Strahlen bringen, und sie betonen warme Haarfarben, kühles Eisblau dagegen ist vorteilhaft für nordische Typen. Doch das Problem bei fast allen Blautönen ist, dass man darin richtiggehend unterkühlt und unnahbar wirken kann. Die sehr nüchterne Wirkung der Farbe kann man sich allerdings bei Bürokleidung zunutze machen, da Blau deren ohnehin meist sachlichen Stil noch steigert. Man wirkt in Blau zudem verlässlich, besonnen und umsichtig.

Charakteristisch für einen blauen Stil ist eine seltsam verschwommene Gesamtwirkung, als würde man die Kleidungsstücke durch Wasser hindurch betrachten. Anders als bei Rot mit seinem klaren, dominanten Look wirkt der blaue unbeständig und formlos. Bei Kleidungsstücken, die Blau entsprechen, ist zudem kein eindeutiger Stil auszumachen. Überhaupt ist bei dieser distanzierten Farbe nichts offensichtlich: Zunächst sieht man vielleicht nass glänzende, an fließendes Wasser erinnernde Stoffe in ebenfalls fließenden Schnitten. Oder die extreme Schlichtheit von zurückgenommenem Blau zeigt sich in einfacher Baumwolle und – dem substanzlosen Blau entsprechend – transparenten Stoffen ohne jede Verzierung. Aber auf den zweiten Blick erkennt man vielleicht ein Material, das sich aus mehreren Lagen zusammensetzt und den Blick festhält, »in die Tiefe« lenkt. Trotzdem wirken rein »blaue« Kleider nie sinnlich oder gar provokativ wie »rote«, sondern ausgesprochen reizlos, und das obwohl Blau einem sehr weiblichen Stil entspricht mit weichen Formen, Kleidern und Röcken.

Zu bescheidenem Blau passen betont einfache Schnitte. Denn wo Rot sich in den Mittelpunkt drängt und erkannt werden will, weicht Blau vom Betrachter zurück und möchte genau das Gegenteil erreichen: nicht auffallen und im Hintergrund bleiben. Introvertierte Menschen und solche, die bewusst einen sehr schmucklosen Stil suchen, können daher auf blaue Kleidung ausweichen – das gilt sowohl für die Farbe selbst als auch für Kleidungsstücke, die ihr entsprechen. Eine blaue Garderobe ist bescheiden, unprätentiös, schlicht und pur (was allerdings nicht für die gelbstichigen Töne wie modernes Türkis oder für vibrierendes »Electric Blue« gilt!). Blau ist eine ruhige Kraft, die sich selbst genügt. Sie muss nicht im Rampenlicht stehen, weshalb auch modische Spielereien oder ausgefallener Schmuck keine Rolle spielen.

Will man Blau in einzelne Kleidungsstücke übersetzen, bieten sich am ehesten *ferne* Einflüsse *von weit her* an, die nebenbei die schlichte Bescheidenheit von Blau abbilden, wie asiatische Kleiderformen. Daneben entsprechen ihm auch die schmucklosen Modelle von Balenciaga aus den 1950ern, auch als »Sackkleider« bekannt geworden, die reichlich *Raum* lassen zwischen Körper und Kleid und ihn nicht betonen, was der zurückhaltenden, körperlosen Qualität von Blau nahekommt.

Blau als Modefarbe kann sehr reizvoll sein, aber an den Beispielen wird deutlich: Der Farbimpuls Blau und das Prinzip Mode sind im Grunde zwei vollkommen unvereinbare Dinge.

Scheues Blau möchte sich im Hintergrund halten, nicht auffallen. Zudem ist Blau die immateriellste Farbe. Es hat keine Substanz, keine Form, die wirklich in Mode übersetzt werden könnte. Blau sind für mich am ehesten noch die absolut schlichten, fließenden Gewänder, die man häufig auf Engeldarstellungen sieht – als Übersetzung für himmlisches Blau sind sie wie geschaffen, doch für den Alltag beschränkt man sich, abgesehen von der Farbe selbst, besser allein auf ihre Entsprechungen in Stoffen oder den bewusst schlichten Stil, lässt die blauen »Formen« aber außen vor.

Übersicht

Raumgestaltung kurz und knapp:

Blau entsprechen tatsächlich weite, tiefe Räume oder auch nur die optische Illusion von Weite und Tiefe, zum Beispiel hervorgerufen durch kleinere Einrichtungsgegenstände im hinteren Raumteil. Typisch sind daneben eine zurückgenommene Möblierung, wenige Accessoires und keine Highlights, sondern ein betont schlichter, in sich geschlossener, »runder« Stil mit einer ruhigen Atmosphäre. Eine kühle, dezente Farbpalette sowie glatte, fließende Materialien in dünner Webart und dezenter Musterung ergänzen den Stil.

Mode kurz und knapp:

»Mode« ist fast der falsche Begriff für den betont bescheidenen, dezenten Stil von Blau. Form- und konturlos wirkende Kleider sind ebenso typisch blau wie körperferne

Schnitte. Bei den Materialien entsprechen Blau glänzende, fließende und schlichte Materialien in dezenten, kühlen Tönen und in dünner Webart.

Hellblau/Himmelblau: Luftige Leichtigkeit

Luftige Frische Eisige Gletscher, blau schimmerndes Waterford-Kristall, die Farbe des Horizontes an klaren Tagen – Himmelblau beschreibt ein lichtes, kristallenes Blau, das nicht greifbar ist. Es hat eine ätherische, schwerelose Qualität, die zugleich gelassen und unkompliziert, aber auch sehr flüchtig wirkt und sich buchstäblich jeden Moment in Luft aufzulösen scheint.

Freiheit Dagegen ist das Gefühl von Freiheit, das ein helles Blau ausstrahlt, fast mit den Händen greifbar. Genau wie ein wolkenloser Himmel öffnet sich auch ein Hellblau nach oben und entschwebt in luftige Höhen, in grenzenlose Freiheit. Die schier endlose, luftige Weite von Himmelblau wirkt aber nicht nur vollkommen befreiend, sondern ermutigt dazu, sie zu erfahren, zu entdecken – und sich in ihr zu verlieren.

Freies Denken Blassblau macht den Kopf frei, es lässt den Geist weit werden und in bislang unbekannte Bereiche vordringen, mühelos und leicht. Es beflügelt, erfrischt und befreit ihn. Himmelblau öffnet den Blick für Bereiche, an die man zuvor noch nicht einmal gedacht hat – und bei alldem dehnt es sich immer weiter aus, um noch mehr Raum zu schaffen. Dadurch rücken die Dinge in weite Ferne, und man ist in der Lage, sie aus einer anderen Perspektive zu betrachten: Man gewinnt zum einen den Überblick, und zum anderen verlieren manche Situationen mit der Entfernung auch einfach an Bedeutung.

Wie alle Blautöne lässt sich auch ein Hellblau nicht festlegen. Es bleibt stets grenzenlos und flüchtig, wobei es umso substanzloser wirkt, je heller es wird. Je weiter es sich auflöst, umso mehr verliert helles Blau jeden Bezug zum Alltag und gibt sich leidenschaftslos bis unbeteiligt, doch auch unbelastet und frei. Während sich ein überlegtes Mittelblau in Indigo zu intuitivem Wissen vertieft, steigert es sich in durchlässigem Hellblau zu einem befreiten Geist, der sich mit Leichtigkeit in luftige Höhen aufschwingen kann, um von dort mit unverbrauchten, frischen Ideen zurückzukehren.

Vokabeln

Ätherisch, luftig, leicht, schwerelos, substanzlos, durchlässig, frei, weit, grenzenlos, nach oben strebend, flüchtig, nicht greifbar, leidenschaftslos, offen, öffnend, schlicht, gelassen, lässig, unkompliziert, geistig flexibel, beflügelnd, schnörkellos, klar, clean, erfrischend.

Raumgestaltung – nach oben hin offen

Himmelblau lässt Decken, die in diesem Farbton gestrichen sind, sofort höher erscheinen und vermittelt den Eindruck von luftiger Weite. Genauso sind »himmelblaue« Interieurs, wenn es sich nicht ohnehin um weitläufige Lofts oder Galeriewohnungen handelt, großzügig geschnitten, offen und weitgehend ohne Trennwände gehalten. Denn genauso wie helles Blau als Wandfarbe einen Raum erfrischt und weitet, sprechen luftig wirkende, hohe Räume, die zudem möglichst oben im Haus liegen und durch große (Dach-)Fensterflächen einen Blick in die Ferne und den Himmel ermöglichen, eine hellblaue Sprache. Da der Farbton aber, wie alle Blautöne, die gefühlte Raumtemperatur in frostige Grade sinken lässt, ist er lediglich für Räume geeignet, die nach Süden weisen und sich im Sommer stark aufheizen oder in denen man sich nicht für längere Zeit ruhig aufhält. Schwerelos wirkende und tatsächlich leichte, schnörkellose Möbelstücke in frischen bis eisigen Farben sind eine Alternative zu blassblauen Wänden. Da besonders helle Farben, wie Weiß, Mintgrün, Silber- oder Eisgrau, einen womöglich kleinen Raum größer wirken lassen – helle Möbel und Wände reflektieren das Licht –, sind sie die erste Wahl bei einer »hellblauen« Gestaltung. Überdies muss ein Himmelblau atmen können, es braucht Luft und Raum, der nicht durch zu viele Gegenstände verstellt sein oder eingeengt wirken darf.

Um also den Eindruck von luftiger Weite zu erhalten und zudem dem körperlosen Charakter von hellem Blau gerecht zu werden, sollten nicht nur leichte, sondern generell wenige Stücke Einzug halten. Leichtes Mobiliar beispielsweise aus hellem Holz, durchsichtigem Kunststoff oder weiß lackiertem Bambus sind das Maximum an Substanz, was man bei ätherischem Hellblau erwarten darf. Daneben sind blassblaue, dünne Seidenteppiche, eisblau schimmernde Bezüge und durchscheinendes, frostblaues Waterford-Kristall, das auch wunderbar die kristallklare Qualität von hellem Blau unterstreicht, nicht nur durch die Farbgebung ideal für einen »himmelblauen« Einrichtungsstil.

Ein Raum, durchgängig im Stil dieser Farbe gehalten, wäre allerdings kaum zu ertragen, denn ihn durchweht beständig ein kühler bis frostiger Luftzug, der sich frei zwischen den ohnehin wenigen Einrichtungsgegenständen bewegt, um schließlich an duftigen Voilevorhängen vorbei durch weit geöffnete Fenster zu entfliehen.

Mode – entspannte Lässigkeit

Sommerliches Himmelblau hat eine sehr unkomplizierte, cleane Wirkung und ist typisch für Sportkleidung oder simple T-Shirt-Jeans-Kombinationen, die dank der Farbe sportlich, frisch und luftig wirken. Gerade an blonden Frauen kann ein helles Blau allein allerdings zu fad wirken, und frostigere Töne wie Eis- und Gletscherblau lassen sie nicht nur unterkühlt, sondern sogar schwächlich wirken.

Die positiven Eigenschaften der Farbe kann man jedoch auch in einer »hellblauen« Mode umsetzen. Pastelliges Blau schwebt in luftigen Sphären, und dazu passen Kleidungsstücke, die den Körper nicht einengen und die leicht sind. Hellblau braucht daneben eine Garderobe, die nicht ständig zurechtgezupft werden muss, sondern schlicht ihre Funktion erfüllt – und das, ohne dabei allzu viel Aufmerksamkeit auf sich zu ziehen. Mit Blassblau hat man ein sehr entspanntes Verhältnis zur Mode und legt wenig bis keinen Wert auf

Trends, sondern kleidet sich am liebsten in einen simplen, schlichten Stil.

Die Reinheit von hellem Blau spiegelt sich in einem *Clean Chic* mit klaren, puren Kleidern ohne raffinierte Schnitttechniken, aufwendige Verzierungen oder sonstige Spielereien. Der Stil von hellem Blau konzentriert sich auf das Wesentliche. Denkbar sind kurze, schlicht geschnittene Kleider, die den Körper locker umspielen, oder einfach gehaltene, dünne, zartgraue Pullover, weiße Basic-Tops und weiche, verblichene Jeans in legerem Schnitt. Hellblau ist casual – der Gegenentwurf zu raffinierten Spitzenkorsagen oder aufreizenden engen Röcken zu High Heels. In »hellblauer« Mode kann man sich, genauso wie der luftige Farbton selbst, frei bewegen, nichts engt ein. Man konzentriert sich auf die Welt des Geistes – dem Körper und Mode wird wenig Aufmerksamkeit geschenkt. Ein Kleidungsstil, der der Farbe entspricht, präsentiert sich daher genauso unkompliziert und ungebunden wie Himmelblau selbst.

Ein helles Blau ist auf dem Weg zum Weiß und möchte nicht zurückgehalten werden – weder durch die Konzentration auf Äußerlichkeiten noch durch schwere Materialien. Deshalb entsprechen ihm dünn gewebte, schwerelose Stoffe, die sich mit ihm im Wind bewegen können und kaum wahrgenommen werden beim Tragen. Es werden weiche, fließende und natürliche Materialien sein wie dünnes, gewaschenes Leinen und feine Baumwollstoffe. Auch halbtransparente Materialien wie Voile übersetzen den ätherischen Charakter von Himmelblau.

Übersicht

Raumgestaltung kurz und knapp:

Hellblau entsprechen Wohnungen, die oben im Haus liegen, mit hohen Decken und einer offenen Raumgestaltung. Typisch sind auch Lofts oder Galeriewohnungen mit großen Fensterflächen, die in einem schnörkellosen, lässigen Stil eingerichtet und nur sparsam möbliert sind mit hellen, leichten Möbelstücken. Frische, frostige Farben und durchscheinende Stoffe umschreiben den luftig-kühlen Charakter von hellem Blau.

Mode kurz und knapp:

Ein hellblauer Stil findet sich in luftigen, unkomplizierten Schnitten, die simpel und lässig wirken; passend sind weiche, verblichene Jeans, Baumwolltops in neutralen Farben oder halbtransparente Leinenpullover. Durchgängig dünn gewebte Materialien in einer hellen, kühlen Farbpalette mit viel Weiß ergänzen den Stil.

Dunkelblau/Indigo[23]: Ruhige Präsenz

Kontemplation und Intuition Der Mitternachtshimmel ist indigofarben, und wie er regt dunkles Blau dazu an, über die Unendlichkeit und das Sein nachzudenken. In der – einer Klausur nicht unähnlichen – Welt von tiefem Blau können alle tiefgründigen Fragen ungestört beantwortet werden. Indigo ist die Farbe der Einkehr und der intuitiven Einsichten.

Die Distanz von mittlerem Blau hat sich in Indigo zu einem kompletten Rückzug in sich selbst verdichtet. Es kann uns entführen in eine stille, abgekapselte Welt. In den unendlichen Tiefen von Indigo nutzt kein anderer Kompass als die Intuition. Das krampfhafte Festhalten am Verstand oder der Versuch, Unbekanntes rein analytisch zu erfassen, muss scheitern. Lässt man sich allerdings auf die Farbe ein, findet man einen Anknüpfungspunkt im Inneren, man ist verankert in sich selbst. Daraus ergibt sich ein tief empfundenes inneres Wissen, aus dem sich die unverrückbare Sicherheit speist, die dunkles Blau ausstrahlt. Von ihm geht etwas zutiefst Ernsthaftes und Gefestigtes aus, man fühlt sich mit der Farbe ruhig und sicher. Dunkelblau ist dabei allerdings nicht streng oder konservativ, es ist nicht unbeweglich wie dunkles Grün, sondern weit, unendlich und intuitiv.

Selbsterkenntnis Der Farbton führt zur tiefen Selbsterkenntnis, denn gerade sich selbst gegenüber sind von Indigo betonte Menschen von einer kompromisslosen Ehrlichkeit, die jeder überheblichen Ader entbehrt. Sie akzeptieren sich schlicht so, wie sie tatsächlich sind. Sie erkennen an, wo sie stehen, und sind bei sich selbst angekommen. Das heißt jedoch nicht, dass der Status quo beibehalten wird. Im Gegenteil: Man ist hier immer bereit, neue Erkenntnisse in sein Wissen zu integrieren, die den Zugang zu einem noch tieferen Verstehen öffnen und erlauben, noch weiter in das Unbewusste vorzudringen – ganz dem sich stetig vertiefenden, unendlichen Dunkelblau entsprechend. Diese entwaffnende Selbstreflexivität und geistige Stabilität bilden die Basis für die souveräne Präsenz, die Indigo kennzeichnet.

Antagonistisches Prinzip Indigo ist demnach im Vergleich zu Mittelblau die deutlich präsentere Farbe. Durch die dunkle, satte Tönung wirkt es zudem viel körperlicher – aber gleichzeitig auch ungleich indifferenter und distanzierter. Dieses seltsame Wechselspiel bei Dunkelblau findet sich in fast allen Umschreibungen, die man für den Farbton finden kann: schwer, aber doch klar und durchlässig; präsent, aber zurückgenommen; gefestigt und strukturiert, aber schwer greifbar. Auch in der Formensprache setzt sich das antagonistische Prinzip von Indigo fort, denn es wird durch Formen verkörpert, die kaum fassbar sind und nicht auf eine einzige Aussage festgelegt werden können beziehungsweise nicht sofort als das erscheinen, was sie tatsächlich sind. So entspricht beispielsweise ein Dodekaeder der Qualität von Dunkelblau, erscheint er doch von weitem als (typisch blaue) Kugel. Bei näherer Betrachtung erkennt man jedoch klar voneinander abgegrenzte Formen – verbunden zu einem perfekten Ganzen. Genauso verknüpft Indigo sämtliche Aspekte eines Sachverhalts oder einzelne Charaktereigenschaften zu einem kompletten, perfekten Bild.

Komplexes Erfassen Mit Indigo ist es möglich, nicht nur über sich selbst, sondern auch über all die Dinge zu reflektieren, die man im Alltagsstress leicht übersieht. Dunkles Blau zieht sich dazu in die Kreismitte zurück – von wo aus es, wie von einer Radnabe aus, den perfekten Überblick hat, um schließlich alles zu einem lückenlosen Ganzen zu verknüpfen. Diese Fähigkeit, komplexe Zusammenhänge zu erfassen sowie absolut fokussiert zu denken, und die Kraft der Imagination machen die Magie von Indigo aus.

Vokabeln

Zentriert, präsent, innere Stärke, souverän, sicher, gefestigt, ernsthaft, loyal, verantwortungsbewusst, diszipliniert, distinguiert, stringent, strukturiert, fokussiert, klar, selbstreflexiv, kontemplativ, imaginativ, intuitiv, tiefsinnig, unprätentiös, schlicht, asketisch, Einkehr, Klausur, unendlich, zeitlos.

Raumgestaltung – kontemplativer Rückzugsort

Dunkelblaue Wände schaffen eine sehr ruhige, meditative Atmosphäre und sind prädestiniert für alle Räume, in denen man in Ruhe seinen Gedanken nachhängen möchte. Für alle übrigen Bereiche ist ein Indigo allerdings zu dunkel, denn es engt einen Raum schnell ein. Oft ist es besser, die Farbe nur dosiert einzusetzen oder auf wenige ausgewählte Entsprechungen der Farbe zurückzugreifen.

Dunkles Blau prägt Puristen, die man mit Sicherheit nie auf dem Flohmarkt auf der Suche nach einem kuriosen Vintageteil antreffen wird. Verspielte Schnörkel, unruhige Mustertapeten oder eine Nippessammlung sind das absolute Gegenteil von dunklem Blau. Stattdessen legt es Wert auf zeitlose Qualität und pures, klares Design – das Ganze in einem strukturierten, in sich ruhenden Gesamtbild.

Beim Betreten von »indigofarbenen« Räumen hat man trotzdem das Gefühl, sich in der Tiefe der oft lang gezogenen Räume zu verlieren. Denkbar sind hier auch Maisonettewohnungen, deren zweite Etage im Untergeschoss liegt. Doch einem strukturierten, gefestigten Dunkelblau entsprechend wird der Blick aufgefangen und gelenkt von wenigen, aber gezielt platzierten Einrichtungsgegenständen. Zwischen ihnen muss sich jedoch stets genügend leerer Raum auftun, um die Empfindung von kühler Weite zu erhalten.

Die klare, durchdachte Raumaufteilung wird unterstrichen von schlichten Linien beziehungsweise einer reduzierten Formensprache, etwa im Stil des französischen Innendesigners Christian Liaigre, die eine ruhige Präsenz ausstrahlt und die Kontemplation fördert. Dunkles Blau lebt in seinen inneren Tiefen, in die es sich zurückgezogen hat, und braucht keine Spielereien im Außen. Die fast asketische Nüchternheit dieser Räume erinnert teilweise gar an Klöster und umschreibt dabei den fokussierten, nach innen gerichteten Geist von Dunkelblau.

Bei der Farbgestaltung der Oberflächen passt eine weitgehend monochrome, reduzierte Farbpalette in neutralen Tönen, die die klare Formensprache nicht überlagert. Dunkle Farbakzente strukturieren lediglich das Bild und lenken den Blick gezielt auf ausgewählte Details; der Geist wird ruhig, diszipliniert und geordnet. An diesem Schema orientieren sich auch Blumenarrangements für »dunkelblaue« Räume: Passend sind dem Ikebana ähnliche puristische Kompositionen aus wenigen Bambusstangen und Schilfgrashalmen oder die Blütenformen von Calla oder klassischen Tulpen, die durch ihre Form die klare Eleganz der Wohnung unterstreichen. Kühles Silber setzt unwirkliche Akzente, und ein einzelnes Bild schmückt die Wand – es ist eine Kunst, die die Kontemplation fördert, wie zum Beispiel Yves Kleins monochrome Farbtafeln. Die Wandgestaltung selbst nimmt in der Regel eine eher untergeordnete Position ein, da die meist grauweißen oder in kargem, modernistischem Sichtbeton gehaltenen Wände nur als unauffälliger Hintergrund für die Kollektion puristischer Möbel dienen – die selbst wiederum nur letzte Außenposten von tiefem Blau sind, das sich von der Welt weitgehend zurückgezogen hat.

Mode – Purismus für Fortgeschrittene

Typisch für dunkles Blau – wie für alle Blautöne – ist der Rückzug von der Welt und die Vertiefung. Indigo sucht die Zurückgezogenheit jedoch so sehr und zieht sich so weit in seine dunklen Tiefen zurück, dass es sogar schon ein Hauch von Isolation und Klausur umweht. In dieser Abgeschiedenheit sind Äußerlichkeiten vollkommen nebensächlich. Sowohl tatsächlich dunkelblaue Mode als auch ein »dunkelblauer« Kleidungsstil strahlen eine asketische Einfachheit aus. Zugleich überträgt sich aber auch die Präsenz des Farbtons auf die Mode, und in dunklem Blau gehaltene Kleidungsstücke garantieren eine souveräne und distinguierte Ausstrahlung. Dennoch sollte man häufiger statt der Farbe selbst auf ihre Übersetzungen zurückgreifen, denn Dunkelblau steht kaum jemandem wirklich. Es wird zudem oft als unkomplizierter, neutraler Hintergrund missverstanden, doch tatsächlich gibt es kaum eine Farbe, die schwieriger zu kombinieren ist. Da Dunkelblau in der Regel nur im Team mit anderen dunklen Tönen wie zum Beispiel verschiedenen Violettnuancen stimmig wirkt, die aber schnell blass machen, bietet sich der Rückgriff auf die Entsprechungen von dunklem Blau an.

In dunkles Blau selbst beziehungsweise in einen Stil gekleidet, der ihm entspricht, fühlt man sich sicher und in der Lage, sich auf sich selbst zu besinnen, ohne von außen gestört oder abgelenkt zu werden. Dabei schottet Indigo einen jedoch nie komplett von seinem Umfeld ab. Es ist keine undurchdringliche Mauer, die nichts mehr durchsickern lässt. Dunkelblau wählt vielmehr aus und zieht nur das in seine Tiefen, was in seine Struktur eingepasst werden kann. Daher entspricht ihm auch ein sehr selektiver Stil mit ausgesuchten Einzelstücken. Sie sind in klaren Schnitten gehalten und übersetzen so die distinguierte, souveräne Ausstrahlung von Dunkelblau in Mode. Dunkelblau sind weite Bundfalten- oder Marlenehosen zu schlichten Oberteilen mit Stehkragen. Kastige Kurzjacken mit verdeckter Knopfleiste, die auf jede weitere Spielerei verzichten. Puristische Tops mit U-Boot-Ausschnitt, dunkle einfarbige Rollkragenpullover oder gerade geschnittene Etuikleider in neutralem Grau.

Im Gegensatz zu dunklem Grün, das aus Angst vor einem Kontrollverlust einen ebenfalls schlichten, aber sehr strengen und bewährten Stil prägt, kann es sich ein souveränes Dunkelblau auch leisten, Struktur mit fremdartiger Eleganz zu verbinden, beispielsweise in Kimonokleidern oder Mao-Jacken. Gefertigt sind die minimalistischen Stücke aus schweren, glatten Materialien wie etwa edlen Tuchstoffen mit schwerem, fließendem Fall, um sowohl die Dichte von dunklem Blau als auch seine fehlende Greifbarkeit in Stoff zu übersetzen.

Dunkelblau ist ein nach innen gerichteter Impuls, der keinen Wert legt auf verspielte Accessoires, auffällige Muster oder aktuelle Trends. Modischer Schnickschnack, Glitzer und Glimmer passen nicht in das Bewusstsein von dunklem Blau, das in seiner eigenen Sphäre lebt und sich tief in sich zurückgezogen hat, um den Zugang zu seiner Intuition nicht zu verlieren. Das einzige Zugeständnis könnten einzelne Ringe oder Amulette in kühlem Silber sein, die wiederum betont schlicht gehalten sind und Indigo an sein eigenes Wesen erinnern.

Übersicht

Raumgestaltung kurz und knapp:
Ein Einrichtungsstil mit einer kontemplativen Atmosphäre, bewusst kalkulierter Leere und einer asketischen Ausstrahlung entspricht einem tiefen Blau. Möbelstücke in einem puristischen Stil sind genauso typisch wie wenige Accessoires, die den Blick auf einzelne Gemälde mit meditativem Bildinhalt lenken. Eine dezente Wandgestaltung, viel kühles Silber und eine Farbpalette in klassischen Neutralen sprechen ebenfalls eine dunkelblaue Sprache.

Mode kurz und knapp:
Dunkelblau prägt einen schlichten, minimalistischen Stil mit einer puren Schnittführung, der sehr souverän wirkt. Die Kleidungsstücke sind in glatten, fließenden, schwer fallenden Stoffen gehalten und kommen ohne verspielte Details aus.

Vom nostalgischen Charme eines Lavendel bis zur abgründigen Verführung von Nachtviolett: **Die Violetttöne**

Wenn ich eine alte Frau bin, werde ich Violett tragen.

Nach dem Gedicht *Warning* von Jenny Joseph

Aus irdischem Rot und himmlischem Blau entsteht Violett: Transzendenz, Spiritualität und Geisteskraft.

Mittelviolett/Amethyst: Psychische Stärke

Verschmelzung von Rot und Blau Alle Mischfarben haben einen vielschichtigen Charakter und eine weniger eindeutige Botschaft als die Primärfarben. Doch besonders Violett, aus der Verbindung von Rot und Blau entstanden, ist eine Farbe mit einer sehr komplexen Persönlichkeit. Ihre beiden absolut gegenpoligen Ausgangsfarben finden nicht leicht zueinander: Geistiges Blau ist die Antithese zu stofflichem Rot. Violett verbindet beide, indem es einen großen Bogen spannt zwischen den weit entfernten Sphären von himmlischem Blau und dem tief in der Erde verwurzelten Rot. Die Spannung zwischen beiden Kräften ist daher ungleich größer als bei den beiden anderen Mischfarben: In Violett prallen Körper und Geist aufeinander, Erde und Himmel, das Statische und das Flüchtige, das Greifbare und das Immaterielle, Männliches und Weibliches.

Geisteskraft Aus der alchemistischen Verbindung beider entsteht jedoch etwas gänzlich Neues: *psychische Stärke* – geboren aus der Kraft von Rot, die sich mit der seelischen Ausgeglichenheit und Vertiefung von Blau vereint. Violett ist »übersinnlich« im wahrsten Sinne des Wortes: Das sinnliche Rot wird überwunden und gleichsam – mit Blau, »dem Himmel so nah« – der Erde enthoben für anwendbare, spirituelle Einsichten. Umgekehrt ist Violett auch *körperbewusster Geist,* da das schwere Rot das flüchtige Blau zumindest teilweise im Hier und Jetzt verankert und an die reale Welt erinnert.

Unter dem Einfluss von Violett steht man so beständig in

Verbindung mit etwas außerhalb dieser Welt, ohne dabei aber die Bodenhaftung zu verlieren. Und die inneren Einsichten von Blau erhalten durch Rot die Kraft, sie auch in die Tat umzusetzen: Violett ist die Verbindung von Geist und Kraft – *Geisteskraft.*

Transformation und Weisheit Violett vereint durch die Verbindung von Rot und Blau zudem das typisch Männliche mit dem typisch Weiblichen. Das ist ein Grund, weswegen die Feministinnen die Farbe für ihre Sache gewählt haben: Die Vermählung von männlichem Rot und weiblichem Blau soll die Gleichberechtigung der Geschlechter zum Ausdruck bringen, wie auch Harald Braem betont.

Beide Farben treffen sich in Violett tatsächlich wie Mann und Frau, um neues Leben hervorzubringen. Doch das Kind von Rot und Blau kommt bereits erwachsen zur Welt, und es vereint die besten Eigenschaften seiner Eltern in sich. Mit Violett ist man auf dem Weg zum »kompletten Menschen«, der sich zwar noch im Entwicklungsprozess befindet, aber – mit Violett als letzter Farbe im Spektrum – bereits die letzte Stufe davon erreicht hat. Violett ist die kraftvolle Farbe der Transformation, mit der man sich neu ordnen, weiterentwickeln und auch Umbruchphasen im Leben bewältigen kann. Am Ende steht der gereifte Mensch, der alle Ebenen zwischen Erde und Himmel durchlaufen und Weisheit erlangt hat.

Farbe der Trauer Gerade die transformatorische Qualität von Violett hat jedoch eine Schattenseite: Mit dem Übergang zu etwas Neuem bleibt auch immer etwas Altes zurück, von dem man sich verabschieden muss. Violett erinnert daran und verbreitet eine bedrückende Traurigkeit.

Es ist eine Farbe ohne Lebendigkeit. Das Feuer von Rot ist in Violett durch Blau gelöscht worden, es glimmt nur noch schwach, und Violett wirkt gedämpft und freudlos. Es ist das Erloschene, das sich müde verabschiedet, weswegen Trauer und Übergang zum Vokabular der Farbe gehören. Der letzte Aspekt lässt sich auch verstehen, wenn man das Gegenstück von Violett betrachtet. Denn während lebhaftes Zitronengelb, das Idee und geistige Struktur verkörpert, noch darauf wartet, sich weiter verdichten und in greifbaren Umsetzungen zeigen zu können, hat sein Komplementär Violett bereits alles durchlebt und verabschiedet sich von der Bühne.

Isolation und Einsamkeit Anders als bei der Mischung aus Gelb und Rot, die sich in Orange wiederfinden und sich in kreativen Schöpfungen ausdrücken, wendet sich Violett, die Mischung aus Blau und Rot, weitgehend von der Welt ab. Violett haftet eine schwer zu kontrollierende Einsamkeit und Isolation an, weshalb die Farbe auch als beklemmend oder bedrückend wahrgenommen wird. Gerade aus dieser Isolation heraus resultieren jedoch die für Violett typischen, fast übersinnlichen Einsichten, die den Schritt auf eine neue Stufe des Lebens ermöglichen.

Pattsituation Es gibt viele Menschen, die besonders Violett nicht zu ihren Lieblingsfarben zählen, da sie das beklemmende Gefühl, das die Farbe weckt, als unangenehm empfinden. Wenn sich Rot und Blau genau die Waage halten, fühlt man sich tatsächlich einerseits schwermütig, andererseits aber auch sehr rastlos. Man hat das Gefühl, die Verwandlung zu Violett dauere noch an. Es ist, als würden die beiden Ausgangsfarben noch miteinander um die Vorherrschaft ringen. Doch es ist kein lebhafter Kampf, denn beide sind geschwächt. Die rote Kraft ist geknebelt. Auf der anderen Seite wird das flüchtige Blau unfreiwillig in der groben Materie verankert, was der Farbe eine gequälte, unfreie Prägung gibt. In einer ausgewogenen Verteilung der roten und blauen Anteile treffen diese beiden sehr unterschiedlichen Kräfte so in einer Pattsituation aufeinander. Beide Pole werden dadurch zur Kompromissbereitschaft gezwungen. Weil sich keine der beiden Farben damit abfinden kann, steht das Neue, das Violett hervorbringt, unter Spannung – und die Farbe wirkt unruhig und aufwühlend.

Rotviolett Ein Violettton wird als deutlich weniger aufwühlend empfunden, wenn die Waage eindeutig zu einer Seite hin ausschlägt. Neigt sie sich eher zur roten Seite, zeigen sich die faszinierenden Rotvioletttöne wie Purpur. Dass es früher eine der teuersten Farben war und nur sehr begüterte Menschen sich ihre Kleidung in diesem Violettton einfärben lassen konnten, ist ein Grund, weswegen es als »Farbe der Könige« galt. Doch die Rotviolettnuancen strahlen auch aus sich selbst heraus etwas Intensives, Glamouröses, Sinnliches und Luxuriöses aus, da mit der Dominanz von Rot das Prächtige und Machtvolle in den Vordergrund tritt. Die Aggressivität sowie das rote Ego werden allerdings durch Blau im Zaum gehalten, was Purpur seine würdevolle Wirkung verleiht. Diese erhabene Ausstrahlung der Rotviolettnuancen haben sich auch geistliche Würdenträger, die purpurne Färbungen bevorzugen, zunutze gemacht. »Im Purpurrot (…) vereinigt sich weltliche und geistliche Macht«, wie Johannes Itten festhielt, und es ist – wie alle Violetttöne – die Verbindung von Erde

(Rot) und Himmel (Blau), die Überhöhung und Durchgeistigung des Irdischen – und damit die ideale Farbe für die Kirche.

Blauviolett Neigt sich die Waage eher zur blauen Seite, schaffen die blauvioletten Nuancen eine leicht melancholische, aber auch ausgesprochen beruhigende Atmosphäre, die der vorherrschenden Qualität von Blau entspricht, das nach innen strebt. Alle blaustichigen Violettschattierungen strahlen eine ruhige, überlegte Stärke aus, die keinerlei Bedürfnis hat, nach außen zu treten. Es ist vielmehr die Farbe der Schatten, ein irrealer Ton, der jede Materialität bereits fast komplett aufgegeben hat und nicht mehr greifbar, sondern nur noch als flüchtiges Abbild erkennbar ist. Das Blau hat die Stofflichkeit von Rot schon so weit durchdrungen, dass sie nurmehr stark durchbrochen wie ein fragiles Netz bestehen bleibt – und der Auflösungsprozess dauert an, bis sich alle feste Materie im immateriellen Blau aufgelöst hat. Das negative Vorzeichen, das das kühle Blau vor das Rot gesetzt hat, kann nicht mehr aufgehoben werden. Insbesondere an den blauvioletten Farbtönen klebt daher etwas Verzweifeltes, Endgültiges. Violett wirkt hier durch den dominierenden nach innen gerichteten Impuls von Blau aber auch mystisch, geheimnisvoll und in gewisser Weise streng, ernsthaft und extrem nüchtern. In diesem Zusammenhang ist es interessant, dass sich der Name »Amethyst« vom griechischen »methyein« ableitet, was so viel bedeutet wie »betrunken sein«; in »A-methyst« ist der nüchterne, bewusste Zustand wiederhergestellt.

Violette Ellipse und violetter Sechsstern Aus der Kombination von rotem Quadrat und blauem Kreis leitete Johannes

Itten die Ellipse als Form für Violett ab. Daneben greift aber auch der Sechsstern den Charakter von Violett als letzter Farbe auf, denn zum einen schwingt in der Sechs als Zahl der Vollkommenheit – nach sechs Tagen war beispielsweise die Schöpfung abgeschlossen – die weise Qualität von Violett mit, das alle übrigen Farbqualitäten durchlaufen hat. Zum anderen durchdringen sich, wie Hajo Banzhaf anschaulich darlegt, im Sechsstern die Symbole für Feuer (Dreieck, dessen Spitze nach oben zeigt) und Wasser (die Spitze des Dreiecks deutet nach unten) genauso, wie sich Rot und Blau in Violett vereinen.

Parallelen zur Gotik Will man Violett eine Stilrichtung zuordnen, bietet sich die Gotik an. Denn analog zur Entwicklung von Violett aus Rot und Blau kann man die Gotik als Weiterentwicklung der wehrhaften roten Romanik begreifen, die durch blaue geistige Einflüsse verfeinert wurde. Wie in Violett vereint sich in der Gotik zudem das Irdische mit dem Himmlischen, wenn aus massivem Stein (Rot) Bauwerke geschaffen werden, deren Formen sich der Schwerkraft zu widersetzen und gen Himmel (Blau) zu fließen scheinen, indem sie alle horizontalen Linien durchbrechen und durch Spitzbögen, Pfeiler und Dienste die Vertikale betonen. Auch in der den Himmel symbolisierenden Kuppel über der quadratischen Vierung, die für das Irdische steht, vereinen sich beide Ausgangsqualitäten. Insbesondere beim Bau gotischer Kathedralen wurden zudem die vormals noch wehrhaften Steinmauern regelrecht aufgelöst, sodass nurmehr ein filigranes Netz aus kunstvollen Verzierungen die Fassade bildet – was der sich in Auflösung befindlichen Stofflichkeit in Violett entspricht. Die Analogie zu diesem sakralen Bau unterstreicht zudem den religiös-spirituellen Charakter von Violett – besonders in seinen blaustichigen Nuancen, die sich der Sogwirkung von Blau ergeben und sich immer weiter von der (roten) Erde entfernen. Zum sakralen Charakter von Violett passt auch die tiefgläubige Gesinnung der gotischen Gesellschaft: Jeder brachte sich ein, um mit irdischer Materie (Rot) und dem klaren Geist (Blau) der Bauleiter etwas Neues (Violett) zu schaffen.

Vokabeln

Intuitiv, übersinnlich, spirituell, weise, medial, sensitiv, vergeistigt, geheimnisvoll, mystisch, beklemmend, spannungsreich, streng, ernsthaft, nüchtern, kühl, leblos, traurig, sakral, würdevoll, androgyn, Geisteskraft, ambivalent, Vereinigung von Gegensätzen, grenzüberschreitend, Transformation, Übergang, Abschied, Isolation, Einsamkeit, dienend, aufopfernd.

Raumgestaltung – eigenwillige Extravaganz

Violett ist trotz seiner gestiegenen Popularität nach wie vor eine exzentrische Einrichtungsfarbe, die ungewöhnlich wirkt. Je nachdem, ob die Nuance eher ins Rot- oder Blaustichige tendiert, schafft man eine glamouröse oder sehr ernsthafte Atmosphäre. Die rötlichen Töne von Purpur, Traube oder Aubergine entfalten ihre ganze Pracht als Hintergrund für außergewöhnliche, repräsentative Eingangsbereiche oder luxuriöse Esszimmer, wo sie Assoziationen wecken von reifen Beeren und opulenten Rotweinen. Die blaustichigen Nuancen dämpfen dagegen den Appetit und sind in Schlafräumen besser aufgehoben, wo sie beruhigend wirken. Unabhängig vom Farbton geht man sogar davon aus, dass violette Farbakzente in verschiedenen Wohnbereichen die Umsetzung persönlicher Pläne und Ziele aktiv unterstützen können.

Gerade bei Violett ist es jedoch schwierig, den richtigen Ton zu treffen, und schnell erinnert die Farbe an Kirche sowie die Buß- und Fastenzeit – nicht die beste Voraussetzung für aufregende Liebesnächte. Insbesondere die blaugetönten Nuancen wirken daneben oft streng, trist und – ist der komplette Raum in der Farbe gestrichen – sogar klaustrophobisch. Da man Räume in Blauviolett zugleich als kühl empfindet und die Violetttöne zu den dunklen Farben zählen und, großflächig verwendet, Räume optisch verkleinern können, bietet es sich an, auf einige Entsprechungen der Farbe zurückzugreifen für ein violettes Raumgefühl.

Das Ambivalente der Farbe auf ihrem Balanceakt zwischen irdischem Rot und himmlischem Blau zeigt sich in einer Einrichtung, die sich scheinbar nicht entscheiden kann zwischen ihrer durchaus handfesten bis offensiven Seite aus der Verwandtschaft mit dem Roten und der zurückweichenden, dezenten Haltung der anderen Hälfte, des Blauen. Daraus entsteht ein seltsam eigenwilliger Stil, der beispielsweise in pompösen Samtsofas schwelgt, die jedoch entweder einen ansonsten eher kargen Raum aufwerten oder von ausgesprochen schlichten Beistelltischen flankiert werden. Beide Aspekte, das selbstbewusste Rot und das zurückhaltende Blau, sollten in einer »violetten« Raumgestaltung in einem ausgewogenen Verhältnis vertreten sein, um in ihrer Kombination zu einer ganz neuen Art von Harmonie zu finden. Damit wirkt selbst das Aufeinanderprallen der teilweise sehr gegensätzlichen Einrichtungsgegenstände stimmig – so wie Rot und Blau in Violett, die zu einer neuen, faszinierenden Einheit verschmelzen.

Violett prägt Räume, die eine fast sakrale Ruhe ausstrahlen. Doch an der einen oder anderen Stelle im Raum blitzt auch seine Extravaganz auf, und so könnten sich zum Beispiel gotische Buntglasfenster, einzelne ausrangierte Betbänke oder Heiligenstatuen in die Gestaltung mischen. Allein schon der ungewöhnliche Gebrauch der Stücke passt zum eigenwilligen Stil von Violett; sie bilden aber auch die große Affinität der Farbe, die nach Alexander Theroux »jede Menge Kirche« in sich hat, zu religiösen Themen ab.

Die restlichen Möbelstücke sprechen in ihrer massiven, kantigen Form auf den ersten Blick vielleicht eine rote Sprache. Doch sie sind durch beispielsweise die (im Hintergrund wirkenden, blauen) Holzverbindungen und die von Flachschnitzereien (typisch violett) durchbrochenen Flächen nicht mehr grob, sondern deutlich eleganter und kunstfertiger. Nach oben fließende Linien und die Betonung der Vertikalen durch hohe, schmale Schränke, Längsstreifen auf Vorhängen und Wänden oder schlanke Skulpturen tragen ebenfalls violette Züge.

In Violett dämpft Blau die Leuchtkraft von Rot, weswegen ihm alle nur matt glänzenden Materialien entsprechen wie Samt in zurückhaltenden Farbtönen. Er wird dem Rot in Violett durch seinen Pomp und die dichte Webart gerecht, das Blau zeigt sich in einer dezenten Farbgebung, und beide verbinden sich zu kühl-sinnlichem Violett. Kühl und sinnlich ist auch Seide, und für einzelne Möbelstücke kann man an farbloses Acryl denken: Die körperlose Transparenz ist blau, Rot steuert die feste Form bei.

Mode – komplexe Individualität

Violett hatte lange Zeit einen schlechten Ruf. Goethe sah in Violett »abgelebtes Alter«, und Kandinsky erkannte in ihm »etwas Krankhaftes, Erlöschtes, (…) etwas Trauriges«. Vor noch nicht allzu langer Zeit verband man mit Violett passend dazu eher die altjüngferliche Tante, die aussah, als wäre sie direkt einem Nonnenkloster entsprungen und müsse sich mit verkniffenen Mundwinkeln erst einmal den Staub aus dem Häubchen schütteln. Gerade in den letzten Jahren gab es allerdings kaum mehr eine Modelinie, die keine extravaganten Violetttöne in ihrer Kollektion gehabt hätte. Niemand wird bei violetten Kleidungsstücken mehr daran denken, dass es die Farbe der Demut und Buße sowie die des Feminismus ist, und die Farbe rundweg ablehnen. Violett soll in schwierigen Phasen des Lebens sogar dabei helfen, sich neu zu orientieren. Das Problem mit Violett liegt vielmehr darin, den passenden Farbton für sich zu finden, der einen nicht kränklich oder allzu blass aussehen lässt. Gelingt es, können die rotstichigen Nuancen – früher die Farbe der Könige – jedem Kleidungsstück eine würdevolle, glamouröse Note geben. Blauviolett dagegen wirkt geheimnisvoll und magisch. Wer jedoch meint, violette Stoffe seien nur an Bischöfen gut aufgehoben, muss trotzdem nicht auf den wirklich außergewöhnlichen Effekt der Farbe verzichten, sondern kann auf ihre Übersetzungen zurückgreifen.

Die Violetttöne ähneln dunklem Blau in vielen Punkten. Aber ein Violett mit seinem dynamischen Rotanteil, der gerne im Mittelpunkt steht, verliert die Welt im Außen nicht ganz aus den Augen und zeigt sich in teilweise leicht exzentrischen Kreationen. Im Kleidungsstil verbinden sich rote und blaue, auffällige und dezente, provokative und schlichte, maskuline und feminine Elemente zu einem extravaganten Mix. Figurbetonte Oberteile werden zu weiten, fließenden Röcken kombiniert oder strenge, enge Hosen zu weich fallenden, schlichten Tuniken. Ein Zusammenspiel aus Leder und fließender Seide oder grober Wolle mit feinstem, dünnem Leinen intensiviert die Wirkung noch zusätzlich. Das für Violett typische Potenzial zur Verwandlung beschreiben auch wandelbare Kleidungsstücke, die mehrere Tragemöglichkeiten zulassen. Dem irdisch-sinnlichen roten Anteil verdanken sich eine Betonung der Taille, Mieder oder starre Korsagen sowie generell körperbetonte Schnitte. Dazu werden dünne, weich fließende (blaue) Stoffe wie Chiffon oder Charmeuse kombiniert, die die starren Formen – typisch blau – verwässern und aufweichen. Typisch violett wäre außerdem ein Modell aus (rotem) Leder mit Einsätzen aus fließender (blauer) gefältelter Seide. Verschmolzen finden sich beide Einflüsse in aufgerauter Seide oder fließenden Wollstoffen.

Violett ist ein, um einen Ausdruck von Kandinsky zu leihen, »abgekühltes Rot« und drückt eine kühle bis unterkühlte Sinnlichkeit aus, weswegen zu ihm auch der androgyne Garçonne-Stil der 1920er-Jahre passt. In ihm halten sich zudem rote und blaue Anteile die Waage: Die zurückgenommene Schlichtheit der taillenlosen Hängerkleider und die fließenden Stoffe dieses Stils tragen eine blaue Handschrift. Die gekürzte Rocklänge, die auffälligen Stickereien, der leuchtende Lippenstift, der überdimensionierte (Mode-)Schmuck sowie die Tatsache, dass diesen Stil nur Frauen trugen, die »maskulin« auftraten und ihr Leben selbstbewusst in die Hand nahmen, sprechen eine rote Sprache. Allein schon, dass sich *Frauen* mit den damals beliebten Bubiköpfen *maskuline* Haarschnitte zulegten und ihre weiblichen Reize weitgehend verbargen, ergibt einen violetten Stil, der sich immer aus maskulinen und femininen Elementen zusammensetzt und oft genug androgyn wirkt. Die gewisse Exzentrik des Garçonne-Stils, der in Teilen auch heute noch getragen wird, prädestiniert ihn dazu, als violett eingestuft zu werden.

Was für Materialien in der Raumgestaltung gilt, ist selbstverständlich auch auf Kleidungsstücke mit »violettem Appeal« übertragbar. Zu Samt gesellen sich schimmernde Seiden oder Lurexgewebe, die durch ihren unsteten Schimmer den Transformationsprozess von Violett imitieren. Der extravagante Charakter von »violetter« Mode ist allerdings nie mit dem innovativen, modernen Stil von Orange vergleichbar, das schnell auf Trends reagiert oder sie sogar selbst kreiert. Bei Violett ist es ein deutlich langsameres Wachsen aus hartem, unbeweglichem Rot unter Zugabe von schwachem, flüchtigem Blau zu einer Mischform aus beiden. Sie zeigt sich zum Beispiel in durchbrochenen Stoffen wie Cutwork oder Spitze, die vormals zwar griffig und stark waren, doch durch das netzartige Muster nun der sich auflösenden Körperlichkeit von Violett entsprechen.

Wie Mosaiksteinchen setzen auch die Accessoires immer abwechselnd rote und blaue Akzente: »rote« auffällige Ringe, Lederarmbänder oder große Uhren neben »blauen« hauchdünnen schlichten Armreifen oder fließenden, dünnen Schals.

Von weitem mag man allerdings – ganz genau wie bei reinem Violett – den Kampf zwischen Rot und Blau nicht erkennen, der unter der Oberfläche ausgefochten wird. Bei näherer Betrachtung fällt auf, dass mal die eine, mal die andere Seite die Oberhand hat; mal fällt ein rotes, mal ein blaues Element ins Blickfeld. Doch durch den schnellen Wechsel verbinden sie sich zu ewig changierendem Violett und einem faszinierenden, sehr individuellen Stil.

Übersicht

Raumgestaltung kurz und knapp:
Ein eigenwilliger, komplexer Stil mit einem Verschmelzen von gegensätzlichen Elementen, die eine zwar spannungsreiche, aber oberflächlich ruhige Atmosphäre schaffen. Religiöse Themen, verschwimmende Trennlinien und die Betonung der Vertikalen sind typisch violett. Sinnlich-haptische Stoffe, kombiniert mit kühlen, fließenden Materialien mit mattem Glanz, sprechen eben-

so eine violette Sprache wie die durchbrochenen Flächen bei Flachschnitzereien oder netzartigen Geweben.

Mode kurz und knapp:
In der Mode prägt Violett einen eigenwilligen, komplexen Stil mit einem Mix aus maskulinen und femininen Elementen, beispielsweise bei Leder zu Chiffon oder engen Korsagen über weiten, fließenden Röcken. Auch wandelbare Modelle mit mehreren Tragemöglichkeiten, die extravagant sind, oder der Garçonne-Stil der 1920er entsprechen dem violetten Stil, der sich außerdem in netzartigen Materialien wie grobmaschigem Strick oder Cutwork wiederfindet.

Hellviolett/Lavendel: Träumerische Nostalgie

Ende und Abkehr Am Abendhimmel läuten die hellen Violett- und Mauvetöne das Ende des Tages und den Übergang zur Nacht ein, und zu Beginn des 20. Jahrhunderts galt passend dazu gerade blasses Violett als Farbe der sentimentalen Erinnerung und der Trauer. Auch melancholisches Lavendel wirkt auffällig müde und fragil, und zwei seiner Codewörter sind *Auflösung* und *Abkehr.* Ein blasses Violett, am Ende des Farbspektrums angekommen und mit einem Fuß bereits in der ätherischen Ebene von Weiß, kehrt der Welt den Rücken zu.
Die Spirale dreht sich weiter Lavendel bedeutet aber nicht nur Abschied und Abkehr, sondern auch den Übergang zu ei-

ner neuen, höheren Ebene: In seiner aufgehellten Form setzt Violett nicht einfach nur zu einem neuen Zyklus an über Purpur zum Rot, sondern Hellviolett bewegt sich wie auf einer Spirale eine Stufe höher, eine Stufe näher zum Weiß. Lavendel ist auch in der Reihe der Violetttöne selbst der Abschluss einer Reise, die im tiefen, noch unbewussten Nachtviolett begonnen hat. Tiefem Violett wohnt allein der Impuls zur Veränderung inne, und es zeigt die beginnende Umwandlung an. Es mündet in reines Violett, das den Höhepunkt des Verwandlungsprozesses der Farbe markiert; etwas Neues ist entstanden. In Lavendel nun hat die Auflösung hin zu Weiß begonnen, und je mehr sich das helle Violett dem Weiß nähert, desto weiter schreitet die Zersetzung fort und desto fragiler, durchscheinender und ätherischer wird es.

Fragil und fein Der sanfte, etwas müde Farbton vereint in sich die Zartheit von Rosa, ohne ins Süßliche abzugleiten, und die romantische Anmut von Flieder, ergänzt um eine rauchige, leicht melancholische Komponente, die jedoch immer nur erahnt wird und das Sanfte der Farbe nie dominiert. Aufgelockert durch schwereloses Weiß schwebt zartes Lavendel in einer Zwischenwelt zwischen roter Wirklichkeit und blauer Überhöhung und hält sich selten in Boden- und damit in Realitätsnähe auf. Feinsinniges Lavendel reagiert ohnehin empfindlich auf Grobheiten und alles Ungehobelte, das seinem zarten Charakter widerspricht. Es hängt lieber Tagträumen nach und baut fragile Gedankengebilde, statt sich mit der teils rohen Wirklichkeit auseinanderzusetzen.

Parallelen zum Jugendstil Versucht man, das aufgehellte Violett einer Stilrichtung zuzuordnen, bietet sich die Arts-

and-Crafts-Bewegung oder der davon beeinflusste Jugendstil an. Dessen *Abkehr* von historischen Stilen drückt den sanft transformatorischen Impuls von Blassviolett aus, das ebenfalls eine neue Ära einläutet. Der Wunsch, die alten Formen aufzulösen, entspricht genauso wie die grundlegend elegante, feine Formensprache des Jugendstils dem ätherischen Charakter von Lavendel. Die teils schwülstigen Formen des Historismus wurden überführt in die weitläufigen, Rankpflanzen nachempfundenen Ornamente, die sowohl in ihrer Eleganz als auch in ihrer Natürlichkeit die Qualität von Lavendel ausdrücken. Daher ist es nicht verwunderlich, dass gerade dieser Farbton im Jugendstil einer der beliebtesten war.[24]

Nostalgie Der nostalgische Charakter von Lavendel mag auf den ersten Blick überraschen, da es die aufgehellte Nuance von Violett ist, das mit dem Übergang zu etwas Neuem verbunden wird. Doch genau daraus entwickelt sich die rückwärtsgewandte Haltung der Lavendeltöne, die mit einem Fuß zwar bereits in einer neuen Welt angekommen sind, aber trotzdem noch wehmütig zurückblicken auf das, was sie hinter sich lassen.

Alexander Theroux bettet ein Gedicht von Robert Frost über eine wilde violette Orchidee, *The Quest of the Purple-Fringed,* in seine Interpretation der Violettnuancen als fragile, am Übergang stehende Farbtöne. Der Erzähler befindet sich darin auf einer Wanderung – einer Pilgerreise gleich – an einem kühlen Herbsttag, als er schließlich unter einem alten Baum eine zartviolette Blüte findet, »blass wie ein Geist«. Auch aus blassem Lavendel scheint bereits fast alle Farbe geflossen zu sein, es ist nurmehr ein Hauch, der letzte Abglanz des ohnehin letzten Farbtons im Spektrum. Der Erzähler von Frosts

Gedicht kniet nieder und betrachtet jedes einzelne Blütenblatt, bevor er sich still und ruhig auf den Heimweg macht. Diese *übernatürliche Ruhe* und der *letzte Blick zurück,* in dem Wissen, dass alles erledigt ist, zurückgelassen werden muss und der Weg weitergeht, gibt die Energie von Lavendel wieder.

Wo Rosa, als Mitglied der ersten, roten Farbfamilie, daher immer etwas Kindliches, Blutjunges anhaftet, ist ein Lavendel, das alle Stufen bereits durchlaufen hat, im Vergleich dazu uralt. Ein blasses Violett ist dennoch beständig auf der Suche nach Verfeinerung, um nur noch einen letzten Blick zurückwerfen zu müssen – auch wenn dabei leicht melancholische Gefühle aufkommen.

Die Vokabeln

Nostalgisch, sentimental, melancholisch, träumerisch, empfindsam, feinsinnig, fragil, anmutig, vornehm, bezaubernd, zart, fein, leicht, filigran, delikat, feminin, elegant, romantisch, pergamenten, unaufdringlich, leicht kühlend, natürlich, Auflösung, Abkehr.

Raumgestaltung – Charme der Vergangenheit

Die zerbrechlichen Farben von Lavendel, Flieder und Mauve bilden den Rahmen für einen Raum, in dem man längst vergangenen, sentimentalen Erinnerungen nachhängen kann. Verschleiertes Blassviolett schafft ein unwirkliches Traumreich, in dem man der harten Realität für eine gewisse Zeit entfliehen kann. Mit Lavendel als Hintergrundstimmung können sogar Stress und Hektik leichter überwunden werden. Der Stil von Lavendel lässt sich, ganz seinem nostalgischen Charakter entsprechend, mit »Charme der Vergangenheit« umschreiben.

Über diesen Räumen hängt eine irreale Atmosphäre. Sie wirken zart wie eine verblasste Erinnerung – als sei die Zeit stehen geblieben. Diese zerbrechliche wie auch rückwärtsgewandte Qualität von Lavendel geben Möbelstücke mit Abnutzungsspuren wieder, denen man ihr Alter ansehen soll, wie beim Vintagestil oder Shabby Chic. Doch nicht nur der Charme der Vergangenheit, sondern gleichzeitig auch der Prozess der Auflösung, das große Thema bei Lavendel, zeigt sich hier in abblätternden Lackschichten an Kommoden oder verblichenen Polsterstoffen. Die Einrichtungsgegenstände haben wie altes Lavendel eine Geschichte, Vergangenheit. Der Stil wirkt insgesamt fragil und brüchig wie altes Pergament.

Generell sind Räume, die der Qualität von hellen, ätherischen Farben entsprechen, ohnehin nur mit wenigen Möbeln bestückt, damit der Raum eine luftige und schwerelose Atmosphäre behält – auch blasses Violett ist hier keine Ausnahme. Die wenigen Stücke sind dabei genauso anmutig und delikat wie Lavendel selbst. Typisch sind feminine, filigrane Möbelstücke wie verschnörkelte Eisenbettgestelle, in matten Pastellfarben lackierte Jugendstilmöbel und zarte Glasaccessoires. Alles verfeinert Nostalgische spricht die Sprache von Lavendel: fragil erscheinende Stühle mit anmutig gedrechselten Beinen, zerbrechliche Bone-China-Tassen mit feinem Blumendekor, zarte, altmodische Spitzendecken oder alte, gebundene Tagebücher und gerahmte Briefe auf brüchigem, vergilbtem Papier, die das romantisch-melancholische Flair eines »lavendelfarbenen« Zimmers unterstreichen.

Pastellfarbene, transparente Stoffe halten den Raum freundlich und hell, dürfen dabei aber nie in einen mädchenhaften, süßlichen Stil abgleiten – sie sind vielmehr verhalten romantisch, doch dabei immer elegant und dezent. Vollkommen fehl am Platz wäre bei dieser Farbe auch grobe Wolle, die viel zu rustikal wirkt und das genaue Gegenteil zu fragilem Lavendel bildet. Damit sich der zarte Stil ausbreiten kann, passt daneben kein raues Leder oder erdige, schwere Farben, keine allzu überladene Dekoration, keine dicht an dicht gestellten Fronten. »Lavendelfarben« sind vielmehr florale William-Morris-Tapeten in zarten Farben, Streublümchendrucke, eine Sammlung nostalgischer Glasflakons, ein verblichenes Chintzsofa, in Pastellfarben gehaltene leichte Korbsessel oder patinierte Kommoden in anmutigen Formen.

Zum sanften Schimmer von zarten Kristallvasen passen altsilberne Bilderrahmen, mit Perlmuttlack überzogene Oberflächen, ein mit matt glänzendem Stoff bezogener Sessel oder das schwach im Licht glimmende Wildleder einer Récamière – alle übersetzen mit ihren schimmernden, changierenden Oberflächen den veränderlichen Charakter von blassem Violett. Abgerundet wird der Raum durch feminine, aber sparsam bestickte Kissen in pastelligen Farben und einen hellen Teppichboden, der die Leichtigkeit des Raumes betont und gleichzeitig zu laute Geräusche schluckt, die die ruhige Atmosphäre von Lavendel stören würden.

Sträuße aus brüchigen getrockneten Blumen und eine grau

verschleierte, müde Farbpalette mit Schilfgrün, hellem Taupe, Mauve und Altrosé rufen noch einmal in Erinnerung, dass der Glanz erloschen und es für helles Violett Zeit zum Abschied ist, auch wenn sich die Ranken der Jugendstildrucke oder des verschnörkelten Bettgestells noch festzuklammern scheinen.

Mode – sublime Eleganz

Nach ihrem ersten Hoch im viktorianischen England waren die blassen Violetttöne lange Zeit in Vergessenheit geraten. Erst in den letzten Jahren hat man die anmutigen Nuancen wiederentdeckt für die Mode – und das obwohl über dunstigem Lavendel, anders als bei einem sorglosen, frühlingshaften Rosa, schon wieder der erste Grauschleier der kargen Wintertage zu liegen scheint, der den Farbton leicht melancholisch wirken lässt. Trotzdem strahlen Lavendeltöne immer etwas Apartes, Graziles und Feminines aus, eine ruhige Eleganz, die ins Altmodische abdriften kann. Aber gerade das gibt lavendelfarbenen Kleidungsstücken ihre besondere nostalgische Note. Übersetzt in Mode entsprechen Lavendel zarte, nostalgische Designs in angegrauten, fahlen Tönen, um die zerbrechliche und verbrauchte Energie der Farbe nachzubilden. Die wässrigen Violetttöne sind zwar ästhetisch, jedoch ohne Lebendigkeit, weswegen ihnen keine fröhlich wippenden Kleider entsprechen, sondern eher müde hängende Stoffe, allenfalls mit natürlich gerundeten Formen. Wie beim Einrichtungsstil findet sich Lavendel in grundlegend femininen Formen und Stilen, da der Blasslilaton nicht genau die Waage hält zwischen roten und blauen Anteilen, sondern eine

Tendenz zum weiblichen Blau aufweist. Daher passen Röcke und Kleider, insbesondere im romantischen französischen Stil: zarte Chiffonkleider mit Blütendrucken in rauchigen Pastelltönen, die kombiniert werden mit kurzen Cardigans aus dünnem Strick und Mary-Janes.

Typisch für Lavendel sind auch die S-förmigen Entwürfe der Belle Epoque[25], die schon in der geschwungenen Silhouette die Wellen- und Rankformen des Jugendstils nachbilden. Die fragile Eleganz, die ein Lavendel auszeichnet, kann man an einem Modell von etwa 1908 aus der Sammlung des *Kyoto Costume Institutes* bewundern: ein langärmliges Stehkragenkleid, komplett aus irischer Häkelspitze – also einem sehr delikaten, durchbrochenen Gewebe – mit romantischem Blumenmotiv.[26] Typisch »lavendelfarbener« Jugendstil ist auch hier wieder die S-Form des Kleides, die sich in den Ornamenten und Rankmotiven der Spitze fortsetzt.

In den Materialien findet sich Blassviolett neben Spitze in sämtlichen durchbrochenen Stoffen mit delikaten Musterungen wieder, die möglichst leicht und dünn gewebt sein sollten, um der feinen, delikaten Qualität von Lavendel gerecht zu werden. Netzware mit aufwendigen, glitzernden Perlenstickereien beispielsweise, die ebenfalls in den 1910/20er-Jahren sehr populär waren, oder Schimmerstoffe wie Silberlamé eignen sich. Besonders die glänzenden Laméstoffe unterstreichen noch einmal einen wichtigen Aspekt von Lavendel: die Auflösung. Durch die changierende Oberfläche scheint sich auch die Struktur des Stoffes optisch aufzulösen.

Genauso filigran und zerbrechlich präsentiert sich der Schmuck zu einem lavendelfarbenen Stil; ergänzt werden die zarten Ketten und Armbänder durch alte Vintagebroschen, schimmernde Perlen oder nostalgische Amulette an feinen, schimmernden Satinbändern.

Übersicht

Raumgestaltung kurz und knapp:
»Lavendelfarbene« Räume wirken sehr feminin und sind sparsam möbliert mit verschnörkelten Eisengestellen, leichten Korbsesseln und verblichenen Chintzsofas. Dazu gesellen sich Jugendstilmöbel oder bewusst abgenutzt aussehende Stücke wie patinierte Kommoden. Sie werden ergänzt durch nostalgische Dekorationen mit alten Spitzendecken, zarten Glasaccessoires, brüchigen Trockenblumen oder Streublümchendrucken auf Vorhängen und Bezügen. Auch Perlmuttrahmen, handbestickte Überwürfe, Waschschüsseln, Duftkissen und müde, angegraute Pastelltöne in geringen Kontrasten entsprechen hellem Violett.

Mode kurz und knapp:
An die Rankformen des Jugendstils angelehnt ist die S-Form der Kleider, die ebenso eine lavendelfarbene Sprache spricht wie die romantische französische Mode. Feine Netzware, (Häkel-)Spitze, Perlenstickereien, Satinbänder, Vintagebroschen, filigraner Schmuck und dunstige Pastelltöne in geringen Kontrasten komplettieren den Stil.

Dunkelviolett/Nachtviolett: Hypnotische Tiefe

Unterschwelliges Brodeln Dunkles Blau ist über Kontemplation und intuitive Einsichten bei sich selbst angekommen und damit zufrieden, in seiner Abgeschiedenheit zu leben. Tiefes Violett dagegen ist der Welt durch seinen Rotanteil weit mehr verhaftet. Es lockt entweder das Außen in seine undurchdringlichen Tiefen, oder es bemüht sich, die Oberfläche seiner düsteren Gewässer zu durchbrechen, um selbst am Leben teilzuhaben. Nachtviolett greift mit einer Hand aus den dichten, dunklen Tiefen nach oben. In den getrübten, aber nur scheinbar stillen Abgründen knüpft es die Verbindungsleinen zur Oberfläche. Ein unterschwelliges Vibrieren kräuselt sie bereits …

Mystische Einsichten Wenn sich Nachtviolett hingegen bis auf den Grund hinabsinken lässt, gewinnt es fast mystische Erkenntnisse in seinen Tiefen. Doch anders als ein dunkles Blau, das seine Einsichten für sich behält, versuchen die roten, aktiven Anteile in dunklem Violett, die Eingebungen nach oben, nach außen zu tragen.

Traurigkeit und unbewusstes Leiden Dabei kämpft dunkles Violett mit wortwörtlich schweren Bedingungen, es ist ein zäher Prozess. Das Potenzial zur Aktion ist gegeben, doch der aktive, rote Impuls gewinnt nur ab und an die Oberhand. Rot und Blau winden sich meist eher träge umeinander, und die roten Anteile sind nicht dominant genug gegenüber dem zurückhaltenden Blau und dem dämpfenden Schwarz, um eine Veränderung einzuleiten. Denn das Blaue steht seinem Wesen nach nah am Schatten, am Schwarzen, weswegen es, je dunkler es wird, immer mehr an Stärke und Souveränität gewinnt. Das Rote dagegen muss leiden unter der unterkühlten und distanzierten Beziehung mit Blau, und es kann in den dunklen Tiefen von Nachtviolett meist nur verlieren – eine gewisse Traurigkeit kann man daher keinem Violettton absprechen. In tiefem Nachtviolett ist es wohl sogar ein unbewusstes Leiden, dem sich der Grund dafür noch nicht erschlossen hat.

Verhüllte Macht Auf seiner Stufe zwischen schwarzer Tiefe und reiner Farbe ist mystisches Nachtviolett mit seiner schwachen Leuchtkraft nicht leicht einzuordnen. Es wirkt geheimnisvoll und schwer fassbar. Undurchdringlich wie eine mondlose Nacht. Unheimlich und anziehend zugleich. Doch ab und an streift die Farbe ihren düsteren Umhang ab, flammt in ihren roten Anteilen auf und strahlt für kurze Zeit eine mächtige, charismatische Kraft aus. Die pure Urkraft von Rot ist hier nur mit Schwarz ummantelt und verborgen, durch Blau nur gedämpft – doch immer noch von einem machtvollen Wesen.

Vokabeln

Undurchdringlich, geheimnisvoll, mystisch, düster, tiefgründig, abgründig, geknebelt, absorbierend, hypnotisch, magisch, dramatisch, extravagant, dominant, intensiv, mächtig, sinnlich, intim, samtig, komplex.

Raumgestaltung – das Boudoir

Viele schwelgen gerne in den dramatischen, dunklen Farbtönen von Nachtviolett, Aubergine und Dunkelpurpur, die einen glamourösen Auftritt garantieren – zum Beispiel als sinnlicher Rahmen für ein behagliches und luxuriöses Schlafzimmer mit Samtsesseln, auf denen die satten Beerentöne ihren ganzen Charme ausspielen können. Doch an dunklem Violett klebt noch eine Menge Schwarz. Räume in dieser Farbe können daher zwar atmosphärisch-dicht, mystisch und glamourös wirken, wie geschaffen für eine Diva. Für mehr als ein Boudoir oder ein extravagantes Schlaf-, Ankleide- oder Badezimmer eignet sich Nachtviolett mit seiner immer auch düsteren Aura allerdings kaum.

Doch auch ohne dramatische Violetttöne an den Wänden kann man einem Raum eine »nachtviolette« Färbung geben. Dunkler Samt passt beispielsweise hervorragend zur geheimnisvollen Ausstrahlung von Nachtviolett, dessen Sinnlichkeit erst auf den zweiten Blick offensichtlich wird. Durch den Einsatz unterschiedlicher Texturen, zum Beispiel das Nebeneinander von Samt, Seide, Satin und einem Stoff mit einer körnigen Oberfläche, entsteht ein raffinierter, ebenfalls erst auf den zweiten Blick erkennbarer Variantenreichtum, der die an sich ruhige Farbpalette auf dezente, aber interessante Art belebt – und das unterschwellige Brodeln von Nachtviolett nachbildet.

Das Streben der roten Anteile, an die Oberfläche zu gelangen und im Mittelpunkt zu stehen, umschreiben einzelne auffällige Objekte oder über den Raum verteilte Glanzpunkte.

Überdimensionierte, üppig gepolsterte Samtsessel, übertrieben große Bilder oder eine auffällige Plastik lassen das Aufbegehren der roten Aspekte erkennen. Die blauen Anteile kommen in fast asketisch schlichten Stücken zum Ausdruck oder aber in kargen, zurücktretenden Wänden in kühlen Tönen, ausgesprochen schlichten Tischformen oder ruhigen Bildthemen in großformatigen, »roten« Rahmen. Gemeinsam ergeben beide Einflüsse in Nachtviolett ein exzentrisches Konglomerat, das zusammen mit der Enge der überladenen Räume auch die Dichte der Farbe umschreibt. Eine indirekte Beleuchtung und Kerzen spenden nur gedämpfte Helligkeit und lassen die Raumecken in diffusem Licht versinken.

Mode – samtige Verführung

Stellen Sie sich ein bodenlanges Abendkleid mit gerüschtem Ausschnitt vor, in einem Ton zwischen Rosa und Pink. Das Kleid wirkt verspielt, girliehaft und jung, vielleicht sogar etwas unpassend. Färben Sie das Ganze jetzt in tiefes Nachtviolett … und das Kleid wirkt erwachsen, magisch und extravagant.

Die dunklen Violetttöne strahlen eine untergründige Erotik aus, die weder kühn ist wie die von Rot noch allzu offenkundig wie der teils provokative Flirt von Pink. Wie gemacht für Abendkleider, wirkt dunkelviolette Mode am Tag jedoch sehr düster. Da sie viele zudem unnatürlich blass aussehen lässt, ist es eine der Farben, bei denen man sich tagsüber besser auf Accessoires beschränkt oder die man in ihre Entsprechungen übersetzt.

Nachtviolett trägt in seinen samtigen Abgründen eine verhüllte rote Kraft in sich, für die es allerdings schwierig ist, ihre Macht auszuspielen und in den Mittelpunkt zu treten. Dieser beschwerliche Weg von Rot durch das dunkle Chaos spiegelt sich gut in der schier überbordenden Spitzen- und Dekorationsfülle, die charakteristisch ist für die Mode der viktorianischen Ära. Die hochgeschlossenen Kleider der damaligen Zeit unterdrückten zudem alle rote Sinn- und Körperlichkeit, um die weibliche Figur, die ohnehin vom Kinn bis zu den Fußspitzen verhüllt war, nur noch erahnen zu lassen unter all den Raffungen und Schärpen – ganz ähnlich wie Rot in den Tiefen von Nachtviolett beinahe untergeht, in dem nur eine »geknebelte« Sinnlichkeit lebt.

Der grundlegend unterkühlte Charme des Kleidungsstils entspricht den blauen Anteilen des Farbtons. Die Strenge viktorianischer Mode im Ganzen ist dagegen typisch violett, und ihre verschwenderische Stofffülle greift gut die schiere Dichte von Nachtviolett auf, die extreme Form des Tournürenstils umschreibt seine Extravaganz. In der Gothic-Szene wurde der viktorianische Stil im Übrigen wieder aufgegriffen, was das Mystische, das ihn umweht und das so gut zu tiefem Nachtviolett passt, unterstreicht. Denn wenn Tagträumereien Lavendel sind, dann entsprechen dem tiefen Violett düstere Fantasien.

Ein dunkles Violett lässt sich daneben in auf den ersten Blick sehr zugeknöpfte Kombinationen aus zum Beispiel Maxirock, Stiefeln und hochgeschlossener, altmodischer Bluse übersetzen. Der Rock wird allerdings sehr figurbetont sein, die Stiefel haben hohe Absätze, und die Bluse ist leicht transparent. Auch Elemente wie mondäne Kragenlösungen oder hohe Gehschlitze an ansonsten schlichten, langen Mänteln übersetzen tiefes Violett in Mode, bei dem der rote Anteil beständig versucht, Aufmerksamkeit zu erregen. Allerdings wird es bei dem Versuch bleiben, da das zurückhaltende Blau und das verhüllende Schwarz in geheimnisvollem Nachtviolett die Oberhand behalten.

Bei den Materialien passen schwerer, dunkler Samt und generell dichte Stoffe mit unruhiger Struktur, die das nur oberflächlich ruhige, aber unterschwellig brodelnde Nachtviolett nachbilden. Spitze, in ihrer durchbrochenen Struktur typisch violett, ziert Ausschnitte oder Armabschlüsse in üppigen Kaskaden.

Übersicht

Raumgestaltung kurz und knapp:
Die intime, dramatische Atmosphäre von Nachtviolett fängt unter anderem der Boudoirstil ein, der opulent umgesetzt sein sollte mit einer Vielzahl an Dekorationsgegenständen, einer Fülle an Stoff und auffälligen Einzelstücken in einer ansonsten betont zurückgenommenen Gestaltung. Indirekte Beleuchtung und Kerzen lassen die subtilen Variationen in den Texturen nur erahnen, die düstere Farbpalette schenkt dem Raum eine mystische Aura.

Mode kurz und knapp:
Die viktorianische Ära mit ihrem extravaganten Tournürenstil ist ebenso geeignet, um Nachtviolett zu um-

schreiben, wie eine auf den ersten Blick biedere, hochgeschlossene Mode mit aufreizenden Details. Typisch sind außerdem mondäne Einflüsse an ansonsten schlichten Kleidungsstücken und eine verschwenderische Stofffülle, unruhige und sinnliche Oberflächenstrukturen sowie schwere, dunkle Stoffe.

Die beiden Pole:
Weiß und Schwarz

Weiß erkennt man am besten,
wenn man Schwarz dagegenhält.

Sprichwort

Weiß ist Vollkommenheit – schwerelos und hehr.
Schwarz ist Chaos – schwer und abgründig.

Vielleicht wundern Sie sich, weshalb ein Buch über Farben gerade den beiden absoluten Nichtfarben Weiß und Schwarz ein eigenes Kapitel widmet? Weil sie Ausgangs- und Endpunkt sind. Weil sich alle Farbtöne zwischen diesen beiden Polen bewegen. Sämtliche Farben werden über das Aufhellen mit Weiß und das Abdunkeln mit Schwarz beeinflusst, das heißt, sie bestimmen die Qualität der Farbtöne. Der Anteil an Weiß oder Schwarz entscheidet also darüber, ob eine Farbe uns an ätherische Gefilde denken lässt oder uns eher mit ihrer dunklen Komplexität in ihren Bann zieht. Es macht demnach durchaus Sinn, Weiß und auch Schwarz in ein Buch über Farben aufzunehmen. Vincent van Gogh hat es in einem Brief an seinen Bruder so ausgedrückt: »Schwarz und Weiß haben ihren Grund und ihre Bedeutung; und wer sie unterschlägt, kommt nicht aus (…).«[27]

Weiß und Schwarz können weder als männlich noch als weiblich charakterisiert werden; sie sind neutral. Über ihre Gegensätze kann man die beiden »unbunten Farben« allerdings voneinander abgrenzen und so ein klareres Bild von ihnen zeichnen. Weiß ist hoch und hell, Schwarz dagegen dunkel und tief, Weiß ist offen, schwerelos und ätherisch, Schwarz geschlossen, schwer und dicht. Solche Gegenüberstellungen lassen den einen Pol in den meisten Fällen als den hehren und guten, den anderen als den negativen, abgründig-düsteren erscheinen. So sollte es allerdings nicht aufgefasst werden, denn die Farbenwelt ist hier das Abbild der realen Welt, in der wir ebenfalls zwei gegensätzliche Pole als Orientierungspunkte brauchen, mit deren Hilfe wir uns und die Dinge um uns herum einordnen können. Doch deshalb ist der eine davon nicht negativer einzustufen als der andere, sondern schlicht eine Notwendigkeit, um unsere individuelle Mitte zu finden. Genauso sind beide Nichtfarben, Weiß wie Schwarz, weder gut noch schlecht, sondern notwendige Gegensätze, zwischen denen sich sämtliche Farben bewegen und aus denen sie ihre Prägung erfahren. Sie bestimmen ihre Qualität, indem sie zum Beispiel ein forderndes Rot zu bescheidenem Rosa aufhellen oder aber zu souveränem Mahagonirot abdunkeln.

Im Gegensatz zu Farben wie Orange und Blau kann man Weiß und Schwarz nicht in Einrichtungen oder Mode darstellen, denn beide haben keine Form, in die sie übersetzt werden könnten. Weiß ist reines, gleißendes Licht, in dem sich jeder Farbimpuls bereits aufgelöst hat. Es hat keinen Ton, keine Schwingung mehr. Schwarz auf der anderen Seite ist ebenfalls keine Farbe, es die Abwesenheit von Licht (und Farbe) und dröhnt bedrohlich. In ihm sammeln sich alle Farbaspekte, doch sie bleiben noch unkenntlich – eben noch unge*form*t, *form*los. Aus diesem Grund sind Weiß und Schwarz von den Anwendungsbeispielen ausgenommen.

Es ist davon abgesehen auch nicht ratsam, sich komplett in Weiß oder Schwarz zu hüllen, weder in die reine Farbe noch in ihre Entsprechungen. Denn reinem Weiß – abgetöntes Creme oder Ecru etwa sind nicht damit vergleichbar – fehlt jegliche Schwingung, die Farbe ausmacht, und man fühlt sich sich selbst überlassen und abgegrenzt von seiner Umwelt. In Schwarz dagegen tummeln sich zu viele Impulse, es ist reines Chaos. Zudem ist es, entgegen der Meinung vieler Liebhaber schwarzer Kleidung, keine Schutzfarbe, an der schlechte Einflüsse abprallen. Schwarz saugt vielmehr wahllos alles in sich auf.

Dasselbe gilt für Einrichtungen: Reinweiße Räume wirken im besten Fall steril, im ungünstigsten leer und unbeseelt. Genauso wird sich niemand freiwillig ganz in Schwarz einrichten, das als Akzentfarbe reizvoll ist und einen Raum wunderbar strukturieren kann. Aber nach absehbarer Zeit in einem komplett schwarzen Raum wäre sicherlich jeder depressiv und ein Fall für die nächstgelegene Psychiatrie.

Weiß: Alles und nichts

Vollkommenheit In Weiß ist kein Streben mehr nötig, das noch jede andere Farbe kennzeichnet. Es vereint vielmehr alle Impulse in sich, die Botschaften aller Farben – Weiß ist vollkommen. Es ist reine, sublimierte Kraft in vollkommener Ruhe und ohne jede Motivation – aber mit allen Möglichkeiten. Hier ist es tatsächlich möglich zu sagen: »Ich weiß«, denn mit Weiß kann man auf sämtliche Aspekte zurückgreifen und schöpft aus dem Vollen.

Leer und absolut zugleich Trotz dieser Fülle wirkt reines Weiß auch immer leer, da sich die Farben in ihm bereits vollständig aufgelöst haben. Sie sind nicht mehr sicht- oder gar greifbar, sondern nur noch der reine Impuls, der Geist der Farbe. Weiß entsprechen daher tonlose Passagen in der Musik beziehungsweise sphärische Klänge, die zu weit entfernt von uns sind, um sie noch wahrnehmen zu können. Doch sobald sich das Weiß wieder verdichtet zu milchigem Gelb über strahlendes Sonnengelb und weiter zu vibrierendem Orange und dynamischem Rot, wird der Klang lauter und lauter. Dann wird deutlich, dass in Weiß das Potenzial »zur Geburt aller Klänge« immer gegeben ist – mehr noch, in Weiß lebt mit den Impulsen aller Farben ein ganzes Orchester.

Ei und Null als Symbole Da Weiß der Ursprung aller Farben ist, wird ihm häufig das Ei als Symbol zugeordnet. Daneben findet man auch die Null, die das Absolute verkörpert. Sie ist genau wie Weiß alles und nichts: Die Null ist der perfekte Kreis, in dem alles enthalten ist, sowie auch die Leere, das Nichts. Zudem ist die Null die Zahl der – um mit Hajo Banzhaf zu sprechen – »uranfänglichen Einheit«, aus der alles hervorgeht, was sie mit Weiß, der Wiege aller Farben, gemeinsam hat.

Vollkommenes Weiß ist eine göttliche Farbe, so werden zum Beispiel weiße Tiere häufig als gottnah verstanden: Der Göttervater Zeus zeigte sich Europa als weißer Stier, in Indien gelten weiße Rinder als gottgleich, und weiße Ibisse sind in China heilige Vögel, die Unsterblichkeit verkörpern. Ein Sinnbild des Heiligen Geistes ist die weiße Taube, so wie Weiß in der katholischen Kirche generell die liturgische Farbe der höchsten Feiertage ist. Auch die Madonnenlilie, die die unbefleckte Empfängnis Marias symbolisieren soll, ist weiß: rein und makellos.

Stärke Weiß ist dabei absolut keine schwache Farbe, sondern, wie es der Schriftsteller C. K. Chesterton formuliert hat, »eine scheinende und verstärkende Farbe, so wild wie Rot, so entschlossen wie Schwarz«.[28] Weiß als Summe aller Farben steht generell für Stärke und Ganzheit – eine Nichtfarbe, die fast zu erhaben ist für den alltäglichen Gebrauch, weswegen sie nur gezielt und sehr dosiert eingesetzt werden sollte.

Hartes, gnadenloses Weiß Weiß ist blendend, hell, rein, klar, strahlend und hat eine kraftvolle Präsenz. Weiß ist auch die ideale Schutzfarbe, an ihm prallt alles ab wie an einer Mauer. Betrachtet man eine weiße Fläche längere Zeit, muss man bereit sein für die Konfrontation mit sich selbst, denn Weiß bleibt hart und wirft jede Aktion, jede Regung zurück, wenn sie sich nicht nahtlos in seine hehre Welt eingliedern lässt. Anders als bei seinem Pendant Schwarz, das alles kritiklos in sich aufsaugt, muss man sich den Zugang zu elitärem Weiß verdienen.

Schwarz: Chaotische Komplexität

Chaotisches Konglomerat In Weiß haben sich alle Farbtöne versammelt und in einem gleißenden Lichtblitz zu einer vollkommenen, lichten Brillanz aufgelöst. Allen schwarzen oder den von Schwarz durchzogenen Nuancen haftet dagegen noch etwas Schweres an, das ihnen eine deutlich griffigere, manifeste Qualität verleiht. Schwarz wirkt ausgesprochen dicht, wie ein Konglomerat der verschiedensten Energien. Der Bildhauer Reiner Ruthenbeck hat das Prinzip von Schwarz zusammengefasst als »ambivalente Deutung von Ruhe und Aktivität (…) wie ein großer Atem«.[29] Denn Schwarz ist nicht tot, es wirkt nur oberflächlich ruhig. Doch unter der Oberfläche tobt das Chaos aus sämtlichen Farbaspekten, die es vorbehaltlos in sich eingesogen hat und die sich in seinen undurchdringlichen, melassezähen Tiefen gegenseitig behindern. Schwarz ist formlos, es wartet noch auf eine ordnende Gestaltung.

Absorbierend Wo Weiß unzugänglich und abweisend wirkt, schluckt Schwarz alle Lichtwellen in seinem Umfeld, zieht sie in seine dunklen Tiefen und hält sie dort verschlossen. Genau das bringt ihm jene überaus komplexe, übervolle, enge Qualität ein. Weiß kann es sich leisten, jede Strahlung abzuschmettern, weil es bereits alles in sich trägt, es ist vollkommen. Schwarz dagegen braucht jedes Quäntchen Licht beziehungsweise Farbe, das es bekommen kann, um im wahrsten Sinn des Wortes Licht in sein Dunkel zu bringen.

Das Unbewusste Wo Weiß unerschütterliche Klarheit und offenes, waches Bewusstsein ist, ist Schwarz im Grunde eine schwer zu durchtrennende, verworrene Masse in tiefster Dunkelheit. Schwarz ist wie ein stockfinsterer Raum, in dem man keine Orientierung hat. Es ist das Unbewusste sowie das Vertrauen auf den Instinkt, der in der undurchdringlichen Finsternis der Farbe der einzige Kompass sein kann. Schwarz ist das perfekte Bild für das Verborgene, das nicht oder nur schwer Sichtbare. In seinen Abgründen kann man sich verlieren, und Schwarz scheint einen regelrecht aufzusaugen, blickt man länger hinein.

Das Geheimnisvolle Der häufige Vergleich von Schwarz mit dem Geheimnisvollen hängt ebenfalls mit dieser Undurchdringlichkeit zusammen: Es wirkt dadurch in gewisser Weise mystisch, und es entzieht sich der Einordnung. Doch im Grunde ist Schwarz viel eher jene schwer zu durchtrennende, zähe Masse in tiefster Finsternis, in der man keinen Halt findet. Statt mystisch umschreibt Schwarz daher besser ein Begriff wie chaotisch. Statt geheimnisvoll ist es unbewusst.

Dumpfe Tiefe Genauso haftet Schwarz auf den ersten Blick etwas Strenges, Diszipliniertes und auch Magisches, Mächtiges an, doch bei längerer Betrachtung ist es im Gegenteil weich, formlos, ausgesprochen klebrig und abgründig wie das sprichwörtliche schwarze Loch. Jeder Klang scheint verschluckt zu werden – Schwarz ist unbehagliche Stille, in die sich ab und an ein dumpfes Dröhnen aus seinen Tiefen mischt.

Manifeste, reiche Prägung Befreit sich eine Farbe jedoch aus den warmen Tiefen von Schwarz, hat sie eine greifbare, reiche Qualität dazugewonnen. Wie aus dem Schoß der Erde gehen die Farben aus Schwarz reicher hervor und tragen kräftige Blüten. Es ist genauso wie Weiß in diesem Sinne eine Wiege der Farben, die nach dem Aufstieg aus den zähen Tiefen von Schwarz zwar noch von dunklen Schlieren durchzogen sind, doch gerade dadurch ihren dichten, reichen Charakter gewinnen. Mit Schwarz finden die Farben zu ihrer grobstofflichsten Form, es ist das Erfahren des Irdischen – und es ist eine notwendige Prägung, die den Farben eine sinnliche, greifbare Qualität schenkt.

Vokabeln

Weiß

Vollkommen, pur, klar, rein, makellos, unantastbar, unnahbar, elitär, hehr, kalt, stark, hart, blendend, reflektierend, strahlend, brillant, leicht, schwerelos, ätherisch, substanz- und formlos, sublimiert, transparent, Bewusstsein, ruhend, Null.

Schwarz

Komplex, tief, abgründig, undurchdringlich, unergründlich, verworren, chaotisch, verstörend, absorbierend, aufsaugend, übervoll, eng, dicht, sättigend, beschwerend, weich, warm, Finsternis, Unbewusstes, Unbekanntes, Verborgenes, formlos, bedürftig, klebrig, breiig, zäh, ruhend.

Ein Wörterbuch der Farbe

Vorbemerkungen zur Nutzung des Wörterbuchs

Möget ihr das Licht zerstückeln,
Farb und Farbe draus entwickeln …

Johann Wolfgang von Goethe

Von Schneeweiß bis Pechschwarz: Der Farbfächer

Goethe betonte in seiner *Farbenlehre,* dass Farben im Gegensatz zum Licht »jederzeit spezifisch, charakteristisch, bedeutend sind«. Jeder Farbton hat demnach seine »persönliche Seele«. Rot hat eine andere Aussage als Blau, aber auch Gelb ist nicht gleich Gelb. Zwischen einem grellen Zitronengelb, das stechend wirkt und bei längerem Hinsehen in den Augen schmerzt, und einem buttrigen Goldgelb, das eher Assoziationen von Üppigkeit weckt, liegen Welten – sowohl in der direkten Wirkung als auch in der Interpretation. Genauso ist ein sanftes Apricot nicht zu vergleichen mit einem frechen Orange, selbst wenn beide zur selben Farbfamilie gehören. Wie groß der Unterschied zwischen einzelnen Farbtönen ist, brachte Yves Klein auf den Punkt: »Für mich ist jede Nuance einer Farbe ein Individuum, ein Lebewesen von derselben Art wie die Grundfarbe, das aber einen Charakter hat und eine persönliche Seele besitzt.« Und wie wichtig es ist, zwischen einzelnen Nuancen zu unterscheiden, fasst Johannes Itten zusammen: »In der Kunst der Farbe sind nicht nur exakte Tonstufen, sondern oft unmerkbare Übergänge, dem Glissando in der Musik vergleichbar, wichtige Träger eines bestimmten Ausdruckes.«

Damit man die Nuancen miteinander vergleichen und so die Unterschiede zwischen – vor allem auch verwandten – Farbtönen auf einen Blick erkennen kann, sind im ersten Teil des Wörterbuchs die Aussagen der gängigsten Farbtöne aufgelistet als eine Art Grund- und Aufbauwortschatz zum Nachschlagen: »Farbe – Deutsch«.

Der Übersichtlichkeit zuliebe sind für jede Farbfamilie nur die bekanntesten Farbtöne aufgeführt sowie drei Metallictöne. Und da sich erst durch das Aufhellen mit Weiß beziehungsweise das Abdunkeln mit Schwarz die breite Palette der Farbtöne auffächern lässt, wäre das Wörterbuch ohne diese beiden Pole unvollständig, weswegen sie Anfang und Ende bilden. Daraus ergibt sich, dass auch die Mischungen aus Schwarz und Weiß, die gängigsten Grauabstufungen, nicht fehlen dürfen.

Für die mittleren Ausprägungen der Farben – wie beispielsweise Sonnengelb für ein Mittelgelb oder Amethyst für ein klares Violett – habe ich die als neutral wahrgenommenen Farbtöne gewählt. Doch streng genommen ist ein warmes Sonnengelb durch seinen leichten Rotstich kein Reingelb. Dasselbe gilt für Marienblau: Es ist kein reines Blau, das weder Rötliches noch Gelbliches in sich hätte, und auch ein Amethystton hält nicht wirklich die Waage zwischen Rot und Blau, sondern tendiert bereits zu den blauvioletten Tönen. Dennoch habe ich diese Farbtöne bewusst gewählt, da sie den meisten bekannt sind und gleich eine Vorstellung der Farbe wecken, was bei »Neutralviolett« oder »Reingelb« sicherlich nicht unbedingt der Fall gewesen wäre.

Ähnlich verhält es sich bei den hellen und dunklen Nuancen. Sie sind nicht immer die bloße Aufhellung oder Abdunklung der Vollfarbe; so wird man beispielsweise ein Terrakotta nicht allein durch das Beimischen von Schwarz zu Orange erreichen. Die dunklen und hellen Töne, die gewählt wurden, sind vielmehr ebenfalls besonders charakteristische Nuancen ihrer Farbfamilien, mit denen die meisten eine genaue Vorstellung verknüpfen.

Von himmlischem Marienblau bis zu irdischem Erdrot: Die Wahl der Farbnamen

Genauso wie die Farbtöne selbst wurden auch die Namen der Farben so gewählt, dass man möglichst ein Gefühl für die Farbqualität bekommt; es sollen Assoziationen wachgerufen werden, die der Farbwirkung entsprechen. So nimmt Himmelblau bereits den Eindruck von luftiger Weite vorweg, die ein Merkmal der Farbe ist. Sonnengelb impliziert das warme Strahlen von reinem Gelb, Apricot für ein Hellorange weist schon im Namen auf die fruchtige Milde des Farbtons hin, und bei Tanne denkt man automatisch an ruhige, undurchdringliche Wälder – die genauso still und dicht sind wie dunkles Grün.

Pariser Rot, Caprigelb und Russischgrün, Rittersporn, Mauve und Cerise. Ab einem gewissen Punkt bei der Arbeit an diesem Buch habe ich jede Nacht in Multicolor geträumt. Und tagsüber habe ich mich dann bemüht, möglichst alle gängigen Namen, die ich in Farbkarten, Büchern über historische Farben, auf den Tuben von Ölfarben oder Ähnlichem finden konnte, aufzulisten. In den Wörterbucheinträgen finden Sie daher zahlreiche verwandte Farbtöne zu den einzelnen Nuancen, die das Bild der Farbe noch einmal schärfer stellen, Ihnen die Einordnung der Farben erleichtern und Ihren »Vokabelschatz« erweitern sollen.

Ich habe allerdings bewusst nur diejenigen aufgenommen, die wohl die meisten zumindest schon einmal gehört haben. Exotischere Farbbezeichnungen wie »Sizilianisches Feigenkraut« oder auch die vielen Abwandlungen von beispielsweise Phthaloblau sind daher nicht enthalten. Genauso habe ich die unzähligen Farbnamen für Autolacke, neue Wandfarben oder die Farbbezeichnungen aus dem Textilbereich außen vor gelassen, da sich Bezeichnungen wie »Haferflocke« und »Joghurt« für ein gebrochenes Weiß oder »Sturmwettergrau« für bedrohliches Dunkelgrau jedem selbst erschließen. Andere, vor allem historische Farbbezeichnungen, sind dagegen oftmals nur schwer zuzuordnen, und ein Name wie »Lancasterpink« könnte vom tiefsten Dunkelrot bis hin zu einem koketten Pink ziemlich alles sein. Durch die Zuordnung der Farbnamen zu einem Farbton kann man allerdings ablesen, wo welche Nuance zumindest grob hingehört – historisches Lancasterpink, ein lichtes Terrakotta, ist zum Beispiel bei dunklem Orange zu finden.

Von Apfelgrün bis Zinkweiß: Die Farbdeutung

Mit dem Grund- und Aufbauwortschatz sind Sie, obwohl nicht alle Zwischentöne aufgelistet sind, in der Lage, auch deren Qualitäten zu bestimmen, da sie sich aus den beschriebenen Farben zusammensetzen oder von ihnen ableiten lassen. Denn mischt man zwei Farben miteinander, verbinden sich auch die Deutungen dieser beiden; die Aussage der Mischfarbe lässt sich also aus den Aussagen der Ausgangsfarben ableiten. Gelb und Blau beispielsweise ergeben Grün, das heißt, nach vorne drängendes Gelb und sich zurückziehendes Blau prallen aufeinander und neutralisieren sich gegenseitig – und Grün als Mischung beider Farben ist demnach Stillstand.

Nach demselben Muster können Sie selbst eine eher schwierige Farbe wie Limonengrün, das sich überwiegend aus Blattgrün mit einem kräftigen Schuss Gelb mischen lässt, leicht interpretieren: Der aktive gelbe Impuls bringt das ausgeglichene Grün aus der Balance, rüttelt es auf und regt es zu mehr Aktivität an. Bei der Deutung sollten Sie allerdings auch stets das Mischungsverhältnis im Auge behalten, um erkennen zu können, welche Farbe dominierend ist und somit im wahrsten Sinne des Wortes den »Ton angibt«. Im Fall von Limonengrün behält das ruhende Grün die Zügel in der Hand. Lediglich die Richtung, in die es sich gewendet hat, ist durch das nach vorne drängende Gelb nun vorgegeben. Da der grüne Anteil aber dominierend bleibt, wirkt ein Limonengrün nur mäßig spritzig und lebhaft; das leichte Gelb hat das phlegmatische Grün zwar zum Aufstehen bewegt, aber mehr auch noch nicht.

Neben solchen allgemeinen Beobachtungen hat jede Nuance jedoch immer auch ihre eigene unverwechselbare Persönlichkeit, die sich nur bedingt nach starren Regeln ableiten lässt, sondern vielmehr erfühlt werden muss.

Rote Eins und lavendelfarbener Jugendstil: Die Parallelismen

Der zweite Teil des Wörterbuchs – das Synonymwörterbuch – umfasst denkbare Parallelismen aller vorgestellten Farbtöne, um ein facettenreicheres Bild von der jeweiligen Farbe zu zeichnen. Anhand der relativ breiten Auflistungen zu einer Nuance kann man zudem gut ablesen, wie vielschichtig eine Farbe ist, wie viele Wörter nötig sind, um einen einzelnen Farbton auch nur ansatzweise zu beschreiben. Denn die Farbsprache ist eine multidimensionale Sprache.

Die Übersicht verdeutlicht, dass jeder Farbton durch das *Aufhellen* auf eine ätherische Ebene gehoben wird, die sich dem Zugriff immer mehr zu entziehen scheint. Durch den hohen Weißanteil haftet diesen lichten Nuancen wie Himmelblau und Lavendel etwas Leichtes, Fragiles und Hehres an, das sich in ebenso leichten, zarten, transparenten Materialien, hellen, flüchtigen Düften oder luftigen Raumlösungen wiederfindet. Auch in den Übersetzungen entsprechen den zarten Farben pure, reine Stilrichtungen, die – wie der Farbton selbst – durchlässig und fein sind. Genauso spiegeln diese Farben auch alle leisen Töne wider, da sie sich mit der Annäherung an das hehre Weiß immer weiter von der greif- und hörbaren Ebene entfernen.

Pastellnuancen bilden neben dieser »Erhöhung« durch Weiß auch einen Entwicklungsschritt ab: Aus einer höheren Warte heraus sind sie bereit, sich mit dem Grundthema ihrer Ausgangsfarbe auseinanderzusetzen. So lebt zum Beispiel

Rosa die sehr irdische Sinnlichkeit von Rot als eine leidenschafts- und bedingungslose Liebe.

Mit dem Abdunkeln erfährt eine Farbe dagegen eine schwere, geerdete Qualität, alles Schnelle oder Laute fällt von ihr ab. So hat beispielsweise ein tiefes Dunkelrot zusammen mit einem Teil seiner Leuchtkraft die wilde Dynamik von Blutrot aufgegeben, allerdings zugunsten einer ungleich ruhigeren, besonneneren Note. Die unerschütterliche Präsenz, die Essenz von Rot, ist jedoch nach wie vor gegeben und wird sogar noch verstärkt durch die etablierte, schwere Wirkung von tiefem Rot. Dunkle Farben vermitteln generell den Eindruck, mächtiger, komplexer zu sein. Sie verlangen nach Stilen, die fast überladen wirken und sich mit griffigen, dicht gewebten Materialien schmücken, um ihre eigene Dichte abzubilden. Die Komplexität dunkler Farben umschreiben zudem vielschichtige und teils aufwendige, additive Stile oder schwere, erdige Duftnoten, die ein Parfüm festigen.

In einigen Farbportraits sind die Verbindungen von Farb- und Zahlensymbolik bereits angeklungen. Im Synonymwörterbuch sind nun für alle Vollfarben die entsprechenden Zahlen aufgelistet. Die folgende kurze Erläuterung zu den Zuordnungen stützt sich weitgehend auf Hajo Banzhafs *Symbolik und Bedeutung der Zahlen.*

Rot trägt demnach die Qualität der Eins, des Beginns in sich, da aktives Rot die Urkraft ist, aus der sich alles entwickelt. Den Gegenpol zu substanziellem Rot bildet passives, geistiges Blau – die Zwei, die Zahl des Weiblichen. Aus männlichem Rot und weiblichem Blau – aus 1 und 2 – ergibt sich die Drei: Gelb, das sich zwischen irdischem Rot und himmlischem Blau bewegt und unter anderem den Menschen verkörpert. Der ruhende Gegenpol zu kraftvollem Rot findet sich in Grün, dessen statische Ruhe sich in der Vier ausdrückt, die Ausgewogenheit sowie die vier Elemente symbolisiert. In Orange und der Fünf wird die grüne Ruhe durchbrochen, und der Mensch will sich in der Welt erleben, anschaulich dargestellt am Beispiel von da Vincis Proportionsstudie: Die vier Gliedmaßen entsprechen den vier Elementen, der Kopf dem fünften, der *quinta essentia.* Mit der letzten Farbe ist der Zyklus schließlich abgeschlossen: Violett hat alle Farbimpulse durchlebt und in sich vereint. Dementsprechend findet es sich in der Sechs wieder, die für Vollkommenheit steht.

Grund- und Aufbauwortschatz: Farbe – Deutsch

Farbe	Deutsch	verwandte Farbtöne
Weiß		
Reinweiß »alles und nichts«: makelloses, kaltes Weiß	vollkommen, pur, klar, rein, makellos, unantastbar, unnahbar, elitär, hehr, kalt, stark, hart, blendend, reflektierend, strahlend, brillant, leicht, schwerelos, ätherisch, substanz- und formlos, sublimiert, transparent, Bewusstsein, ruhend, Null	Alabaster, Alpinaweiß, Brillantweiß, Chinesischweiß, Deckweiß, Gips, Kalkweiß, Kreide, Lilienweiß, Schneeweiß, Schwanenweiß, Titanweiß, Zinkweiß
Creme »weiches Strahlen«: gebrochenes, warmes Weiß	hell, licht, weich, sanft, warm, ruhig, fein, natürlich, neutral, unaufdringlich, einladend, klassisch, elegant	Antikweiß, Champagner, Eierschale, Elfenbein, Offwhite, Milchweiß, Rohweiß
Gelbtöne		
Vanille »sachtes Antippen des Geistes«: blasses Gelb	sanft, weich, mild, schonend, licht, fein, offen, einladend, freundlich, unaufdringlich, nachsichtig, leise, mental beruhigend, lauwarm, schmal	Biscuit, Blassgelb, Butter, Flachs, Lichtgelb, Pastellgelb, Sahne, Vanille, Zartgelb

Farbe	Deutsch	verwandte Farbtöne
Zitronengelb »stechende Energie«: kühles Mittelgelb mit leichtem Grünstich	grell, schrill, aufdringlich, forsch, aggressiv, laut, hoch, schlank, spitz, stechend, durchdringend, anstrengend, leuchtend, stimulierend, sich ausdehnend, sauer, maskulin	Bleigelb, Kanariengelb, Lemon, Leuchtgelb, Schwefelgelb
Sonnengelb »geistige Stimulation«: warmes, leicht rotstichiges Mittelgelb, wird als neutral wahrgenommen	(mental) stimulierend, aktivierend, energetisierend, bewusst, rationales Denken, Wissen, scharfer, analytischer Verstand, offenlegend, erforschend, Idee(nreichtum), Geistesblitze, Information, Kommunikation, Denkmodel, Konzept, frei, schwerelos, schlank, schmal, vergrößernd, exzentrisch, vorwärtsdrängend, sich ausdehnend, großzügig, verschwenderisch, konturlos, rastlos, beweglich, schnell, leichtfüßig, selbstbewusst, extrovertiert, laut, durchdringend, optimistisch, unbeschwert, sonnig, warm, heiter, »sanft reizend«, strahlend, Licht, auffällig, maskulin, Sanguiniker	Banane, Chinesischgelb, Chromgelb, Ginster, Kadmiumgelb, Postgelb, Quittengelb, Strohgelb

Farbe	Deutsch	verwandte Farbtöne
Goldgelb »altes Wissen«: rotstichiges, warmes Gelb	heiter, charismatisch, ruhig, nobel, reich, warm, großzügig, üppig, opulent, prächtig, genießerisch, komfortabel, behaglich, bodenständig, gelassen, bedächtig, reif, herbstlich, ausladend, glimmend, mächtig, Selbstvertrauen, sicher, traditionell, altes Wissen, Weisheit, maskulin	Amber, Bernstein, Caprigelb, Citrin, Curry, Dahliengelb, Dottergelb, Goldbrokat, Goldgelb, Honiggelb, Indischgelb, Kadmiumgelb, Kadmiumorange, Königsgelb, Kurkuma, Maisgelb, Mango, Neapelgelb, Ockergelb, Safran, Saharagelb, Senf, Siena natur, Topaz
Orangetöne		
Apricot »weiche Sanftmut«: blasses Orange (deutlich blasser als die Frucht)	sanft, weich, anschmiegsam, flauschig, flaumig, zärtlich, liebevoll, umfangend, nährend, einladend, heiter, freundlich, charmant, licht, fein, wärmend, mild fruchtig, unaufdringlich, wohlgesonnen, mitfühlend, unkompliziert	Beigerot, Hellorange, Neroli, Orangensorbet, Pastellorange; mit Tendenz zu Rosatönen: Flamingo, Lachs, Pfirsich

Farbe	Deutsch	verwandte Farbtöne
Bauhausorange »kreative Fröhlichkeit«: leuchtendes Orange	modern, neu, innovativ, fröhlich, lebhaft, unernst, heidnisch, individuell, unverfälscht, unkonventionell, originell, kreativ, unkompliziert, schnell gelangweilt, ungeduldig, verspielt, extrovertiert, überschwänglich, sozial, gesellig, gut gelaunt, energiegeladen, vitalisierend, spritzig, vibrierend, spontan, Lebensfreude, Lebensbejahung, enthusiastisch, lustvoll, verspielte Sinnlichkeit, intuitiv, jung, fruchtig, saftig, Mut, warm, maskulin	Apfelsine, Brillantorange, Cremonaorange, Karottenrot, Kürbis, Mandarine, Orangeat, Papaya
Terrakotta »gemütliche Geborgenheit«: erdiges Braunorange	erdig, verwurzelt, Realitätsnähe, reichhaltig, fruchtbar, warm, behaglich, gemütlich, einladend, sympathisch, vertraut, Geborgenheit, ruhig, stabil, dauerhaft, real, greifbar, authentisch, unaufgeregt, unprätentiös, glimmend, mäßig modern	Dunkelorange, Erdrot, Lancasterpink, Orangebraun, Rost, Rötel, roter Ocker

Farbe	Deutsch	verwandte Farbtöne
Rottöne		
Rokokorosa »zarte Einflussnahme«: blasses Rot	zart, zärtlich, romantisch, süß, süßlich, zuckrig, niedlich, zierlich, verspielt, märchenhaft, träumerisch, grazil, subtil, leidenschaftslos, unschuldig, unbeschwert, fürsorglich, mitfühlend, beschützend, besänftigend, zerbrechlich, innere Stärke, verfeinertes Rot	Antikrosa, Babyrosa, Barbierosa, Blassrosa, Bonbonrosa, Erdbeereis, Japanrosa, Hellrosa, Kaugummirosa, Kirschblüte, Magnolie, Muschelrosa, Pastellrot, Perlmuttrosa, Pompadourrosa, Puderrosa, Rosenquarz, Rosé, Schweinchenrosa, Zartrosa, Zuckerwatterosa
Schiaparellipink »shocking attitude«: blaustichiges Hellrot, gesteigertes Rosa	knallig, frech, schrill, energiegeladen, stimulierend, vibrierend, sexy, frivol, kokett, flirty, unübersehbar, laut, provokant, mutig, kühn, dreist, sorglos, jung	Cerise, Dunkelrosa, Himbeerrot, Hot Pink, Phlox, Shocking Rose

Farbe	Deutsch	verwandte Farbtöne
Blutrot »komprimierte Kraft«: Mittelrot, wird als neutral wahrgenommen	Materie, substanziell, grobstofflich, statisch, präsent, ruhend, dominant, kühn, provokant, direkt, kraftvoll, Urkraft, urwüchsig, ursprünglich, primitiv, wild, hitzig, feurig, leidenschaftlich, auf- und erregend, intensiv, selbstbewusst, vital, irdisch, nah, massiv, kompakt, komprimiert, lauernd, trutzig, Mittelpunkt, unübersehbar, kompromisslos, unverrückbar, territorial, fordernd, Virilität, Potenz, Durchsetzungskraft, Macht, Ego, maskulin	Briefkastenrot, Chili, Echtrot, Ferrarirot, Feuerrot, Granat, Hochrot, Kadmiumrot, Karmesin/Kermesrot (leicht bläulich), Koschenillerot, Knallrot, Krapplack, Lackrot, Lipstickred, Mohnrot, Rubensrot, Rubinrot, Scharlachrot, Signalrot, Zinnober
Englischrot »kraftvolle Wurzeln«: Braunrot	erdig, verankert, stabil, robust, stämmig, statisch, ruhend, greifbar, substanziell, urwüchsig, ursprünglich, selbstverständlich, kraftvoll	Caput mortuum, Jaspis, Ochsenblutrot, Pariser Rot, Persischrot, Pompejanischrot, Saturnrot, Venezianischrot, Ziegelrot
Burgunder »kultivierte Eleganz«: Dunkelrot mit leichtem Blaustich	sinnlich, luxuriös, nobel, edel, etabliert, kultiviert, gediegen, erwachsen, zeitlos, elegant, stilvoll, mondän, elitär, souverän, Perfektion, geschmackvoll, klassisch, repräsentativ, anspruchsvoll, kostbar, warm, reichhaltig	Baccararot, Bordeaux, Mahagoni, Traube, Weinrot

Farbe	Deutsch	verwandte Farbtöne
Zwischen Rot und Violett		
Purpur »majestätische Würde« oder »geistige Macht«: ins Violette übersteigertes Rot	glamourös, luxuriös, extravagant, majestätisch, würdevoll, satt, intensiv, sinnlich, auffallend, facettenreich, komplex, pulsierend, leidenschaftlich, kraftvoll, geistige Macht	Aubergine, Bischofslila, Kardinalslila, Kobaltviolett, Römischviolett, Rotviolett, Purpurviolett
Magenta »distanzierter Körper« oder »präsenter Geist«: Rotblau, helles Purpur	kraftvoll, mächtig, auffallend, leuchtend, vibrierend, anregend, intensiv, indifferent, unantastbar, sublim, vergeistigte Kraft, subtiles/überhöhtes Rot	Alizarin, Crimson, Fuchsia, Zyklam
Violetttöne		
Lavendel »träumerische Nostalgie«: blasses Violett mit leichtem Blaustich	nostalgisch, sentimental, melancholisch, träumerisch, empfindsam, feinsinnig, fragil, anmutig, vornehm, bezaubernd, zart, fein, leicht, filigran, delikat, feminin, elegant, romantisch, pergamenten, unaufdringlich, leicht kühlend, natürlich, Auflösung, Abkehr	Blasslila, Fliedertöne (aufgewärmtes, blasses Violett mit Rosastich), Blauregen, Hellpurpur, Malve, Mauve

Farbe	Deutsch	verwandte Farbtöne
Amethyst »psychische Stärke«: Violett mit leichtem Blaustich, wird als neutral wahrgenommen	intuitiv, übersinnlich, spirituell, weise, medial, sensitiv, vergeistigt, geheimnisvoll, mystisch, beklemmend, spannungsreich, streng, ernsthaft, nüchtern, kühl, leblos, traurig, sakral, würdevoll, androgyn, Geisteskraft, ambivalent, Vereinigung von Gegensätzen, grenzüberschreitend, Transformation, Übergang, Abschied, Isolation, Einsamkeit, dienend, aufopfernd	Blauviolett, Glockenblumenblau, Hyazinthe, Irisviolett, Lila, Rittersporn, Ultramarinviolett, Veilchenblau, Viola
Nachtviolett »hypnotische Tiefe«: Dunkelviolett	undurchdringlich, geheimnisvoll, mystisch, düster, tiefgründig, abgründig, geknebelt, absorbierend, hypnotisch, magisch, dramatisch, extravagant, dominant, intensiv, mächtig, sinnlich, intim, samtig, komplex	Dunkelviolett, Aubergine, Brombeer, Manganviolett

Farbe	Deutsch	verwandte Farbtöne
Blautöne		
Indigo »ruhige Präsenz«: dunkles Blauviolett, steht hier für Dunkelblau	zentriert, präsent, innere Stärke, souverän, sicher, gefestigt, ernsthaft, loyal, verantwortungsbewusst, diszipliniert, distinguiert, stringent, strukturiert, fokussiert, klar, selbstreflexiv, kontemplativ, imaginativ, intuitiv, tiefsinnig, unprätentiös, schlicht, asketisch, Einkehr, Klausur, unendlich, zeitlos	Alaun, Berliner Blau, Delfter Blau, Dunkelblau, Fayenceblau, Indischblau, Marine, Miloriblau, Mingblau, Nachtblau, Navy, Phthaloblau, Preußischblau, Smalte, Tintenblau, Waid
Marienblau »ruhige Vertiefung«: Mittelblau	Ruhe, Ferne, Weite, Ewigkeit, Vertiefung, Geist, Seele, leise, weich, rein, klar, pur, schlicht, frisch, kühl, schattig, demütig, unaufdringlich, zurückgenommen, sehnend, sich entziehend, flüchtig, gasförmig, immateriell, introvertiert, distanziert, passiv, beruhigend, entspannend, heilig, weise, friedlich, himmlisch, glaubwürdig, sicher, objektiv, verlässlich, treu, besonnen, vernünftig, vertrauenswürdig, schützend, konzentrisch, Kreis, rund, weiblich, Melancholiker	Akelei, Atlasblau, Azur, Azurit, Ägyptischblau, Bergblau, Byzanthinerblau, Chagallblau, Enzian, Helioblau, Hydronblau, Kobaltblau, Königsblau; leuchtendes Mittelblau: Lapislazuli, Porzellanblau, Saphirblau, Stahlblau, Ultramarin, Yves-Klein-Blau (patentiert als »International-Klein-Blau«)

Farbe	Deutsch	verwandte Farbtöne
Himmelblau »luftige Leichtigkeit«: blasses Blau	ätherisch, luftig, leicht, schwerelos, substanzlos, durchlässig, frei, weit, grenzenlos, nach oben strebend, flüchtig, nicht greifbar, leidenschaftslos, offen, öffnend, schlicht, gelassen, lässig, unkompliziert, geistig flexibel, beflügelnd, schnörkellos, klar, clean, erfrischend	Babyblau, Bleu, Coelinblau, Distelblau, Eisblau, Enteneiblau, Frostblau, Gletscherblau, Lichtblau, Nebelblau, Pastellblau, Skyblue
Zwischen Blau und Grün		
Aqua »nachdenkliches Lächeln«: wässriges Blaugrün bzw. Grünblau	leicht, licht, ruhend, weich, erfrischend, entspannt, Unterscheidungsvermögen, Klarheit	Aquamarin, Eau de Nil, Gischtgrün, Meerschaum, Mint
Türkis »durchdachte Bauchentscheidung« oder »verantwortungsvolle Lebensfreude«: Blaugrün bzw. Grünblau	karibisch, trendy, modern, avantgardistisch, unkonventionell, unkompliziert, ungezwungen, jungenhaft, belebend, frisch, sanft anregend, medial	Atlantikblau, Curaçao, Cyan, Entenblau, Grünspan, Heliotürkis, Karibischblau, Kobalttürkis, Lagune, Manganblau, Meergrün, Pfauenblau, Primärblau, Teal, Topasblau, Wassertürkis, Petrol (dunkles Türkis)

Farbe	Deutsch	verwandte Farbtöne
Grüntöne		
Tanne »tiefe Ruhe«: Dunkelgrün	still, beruhigend, erdend, dämpfend, streng, herb, ernst, konservativ, traditionell, Werte, verlässlich, konkret, statisch, stabil, robust, beständig, kontrolliert, sicher, Status quo, gediegen	Flaschengrün (Dunkelgrün mit Blaustich), Forstgrün, Hookersgrün (komplexes Dunkelgrün, urspr. Mischung aus Gamboge und Preußischblau), Kobaltgrün, Lodengrün, Racing Green, Russischgrün
Blattgrün »neutrale Mitte«: Mittelgrün	Mitte, Balance, Harmonie, Ausgleich, ausgewogen, symmetrisch, Ruhe, unbeweglich, träge, genügsam, zeitlos, neutral, beruhigend, heilsam, erholsam, regenerierend, entspannend, tolerant, Fülle, Phlegmatiker	Basilikumgrün, Blattgrün, Chromgrün, Efeu, Emerald, Empiregrün, Französisches Grün, Froschgrün, Grasgrün, Laubgrün, Malachit, Patinagrün, Permanentgrün, Phthalogrün, Saftgrün, Smaragd, Schweinfurter Grün, Turmalin, Veronesegrün, Waldmeister
Oliv »nützliche Bescheidenheit«: getrübtes Grün	warm, bescheiden, unaufdringlich, unauffällig, zurückgenommen, nützlich, praktisch, strapazierfähig, staubig (angegrautes Grün), militärisch	Antikgrün, Graugrün, Salbeigrün, Tarngrün

Farbe	Deutsch	verwandte Farbtöne
Chartreuse »freche Extravaganz«: Gelbgrün	jung, frech, spritzig, kühn, stechend, leuchtend, auffällig, aufmerksamkeitsheischend, lärmend, schreiend, scharf, aktives Grün	Absinth, Erbse, Maigrün, Limonengrün, Peridot, Pistazie
Jade »meditative Auszeit«: blasses Grün	balanciert, harmonisch, geordnet, ausgeglichen, gelassen, meditativ, leise, schlicht, bescheiden, dezent, neutral, leicht, licht, friedvoll, lind, Zen	Aloe, Bambus, Fenchel, Grünerde, Grüner Tee, Lichtgrün, Lindgrün, Salbeigrün
Brauntöne		
Beige »edle Natürlichkeit«: weißlicher Braunton	einladend, ruhig, edel, klassisch, diskret, unaufdringlich, natürlich	Chamois, Ecru (leicht grünlich), Isabell, Kitt, Natur, Milchkaffee, Sandtöne (warmes Hellbraun mit gelblichem oder rötlichem Stich), Brauner Zucker, Ingwer, Karamell, Kamel, Khaki, Lohe
Nussbraun »behagliche Geborgenheit«: warmes Mittelbraun, stark abgedunkeltes Orangerot	erdig, erdverbunden, ruhig, unaufgeregt, unprätentiös, bescheiden, einladend, warm, schützend, geborgen, behaglich, gemütlich, traditionell, rustikal, handfest, sympathisch, vertraut, langsam, eng	Cognac, Dattel, Haselnuss, Kastanie, Marone, Nerz, Nougat, Rehbraun, Siena gebrannt, Toffee, Umbra natur, Zimt

Farbe	Deutsch	verwandte Farbtöne
Kaffeebraun »solide Tradition«: kühles Dunkelbraun	erdig, verwurzelt, beständig, überdauernd, stabil, solide, traditionell, unaufdringlich, ruhig, warm; Schokoladenbraun: reich, üppig, sinnlich	Bister, Ebenholz, Havannabraun, Kassler Braun, Mokka, Bitterschokolade, Sepia, Umbra gebrannt, Van-Dyck-Braun
Grautöne		
Silbergrau »kühle Eleganz«: frostiges Hellgrau	elegant, feminin, dezent, klassisch, leise, unaufdringlich, repräsentativ, schimmernd, kühl	Eisgrau, Nebel, Perlgrau, Silbergrau
Eselsgrau »warme Neutralität«: warmes Mittelgrau	elegant, schnörkellos, bescheiden, leise, dezent, warm, weich, sympathisch, verlässlich	Greige, Elefantengrau, Flanell, Kaschmirgrau, Maulwurfsgrau, Taubengrau, Taupe, Warmgrau
Steingrau »kühle Neutralität«: Neutralgrau	neutral, elegant, sachlich, streng, nüchtern, schnörkellos, funktional, gleichgültig, bescheiden, dezent, verlässlich, diskret, leise, kühl	Basalt, Kaltgrau, Kiesel, Neutralgrau, Schiefer, Stein
Anthrazit »bestimmte Professionalität«: Dunkelgrau	hart, maskulin, bestimmt, charismatisch, edel, schnörkellos, schlicht, solide, professionell, konservativ, unzugänglich	Granit, Graphit, Kohle, Paynesgrau, Sepia
Metallicfarben		
Silber »lunarer Spiegel«	elegant, zeitlos, klassisch, repräsentativ, kühl, glatt, hell, dezent, verhalten, abwartend, geduldig, passiv, zurückgenommen, lunar, introvertiert, selbstreflexiv, Reise nach innen, weiblich	–

Farbe	Deutsch	verwandte Farbtöne
Gold »unantastbare Würde«	nobel, edel, kostbar, repräsentativ, prächtig, charismatisch, würdevoll, unantastbar, kraftvoll, mächtig, stabil, selbstsicher, majestätisch, strahlend, blendend, extrovertiert, sich ausdehnend, aktiv, solar, warm, zeitlos, männlich	Altgold
Perlmutt »alles ist möglich«: irisierend	changierend, irisierend, opalisierend, märchenhaft, kaleidoskopisch, facettenreich, unerschöpfliches Potenzial, Vorstufe von Weiß, irreal, schnell	Opal, Muschelweiß, Perlweiß

Schwarz

Schwarz »chaotische Komplexität«: kaltes (Blauschwarz) und warmes Schwarz (Braun- oder Olivschwarz)	komplex, tief, abgründig, undurchdringlich, unergründlich, verworren, chaotisch, verstörend, absorbierend, aufsaugend, übervoll, eng, dicht, sättigend, beschwerend, weich, warm, Finsternis, Unbewusstes, Unbekanntes, Verborgenes, formlos, bedürftig, klebrig, breiig, zäh, ruhend	Anilinschwarz, Brandschwarz, Chromschwarz, Diamantschwarz, Ebenholz, Eisenoxydschwarz, Jet, Lakritz, Manganschwarz, Mineralschwarz, Nachtschwarz, Onyx, Pechschwarz, Rabenschwarz, Tuscheschwarz

Synonymwörterbuch: Die Parallelismen

Farbe	Form	Material	Duftnote	Zahl
Blutrot	kraftvoll, dominant, kompromisslos, ausdrucksstark, provokant, unübersehbar, präsent, wuchtig, kompakt, gedrungen, grob, reduziert, einfach, bodennah, kantig, rechtwinklig, maskulin, kubisch, Quadrat (ruhende Materie)	schwer, massiv, dick, griffig, »materiell«, sinnlich, haptisch, ursprünglich; grobe Wolle, Wollstoffe, Leder, Felle, (Natur-) Stein, Lehm, Eisen, massives (Hart-)Holz, massives Gold	blumig-würzig, ledrig, intensiv, schwer, wuchtig, einprägsam, verführerisch, aphrodisierend; Jasmin, Ingwer, Ylang-Ylang, Pfeffer, Leder	1
Rokokorosa	zart, zierlich, filigran, fragil, gefällig, romantisch, verspielt, verschnörkelt, verziert	duftig, zart, leicht, dünn, halbtransparent, feinfädig, solider Kern, griffig; Spitze, Crêpe, Organza, Tüll, Wildleder, hell lasiertes Holz oder pastellig lackiertes Eisen	süßlich, pudrig, blumig, lieblich, schmeichelnd, lässt Tiefe erahnen; pastellige Rosen, Rosengeranie, Pfingstrose, Zuckerwatte, Erdbeeren, kandierte Früchte	–

Farbe	Form	Material	Duftnote	Zahl
Burgunder	elegant, gediegen, etabliert, repräsentativ, kultiviert, geschmackvoll, stilvoll, edel, antik, perfekt	sinnlich, edel, voluminös, stilvoll, elegant; Seide, Samt, glatte Tuchstoffe, Kaschmirstrick, Damast, Jacquard, ägyptische Baumwolle, Kamelhaar, Alpaka, Merinowolle, Glattleder, Edelhölzer, Edelmetalle, Diamanten	elegant, klassisch, schwer, intim, wärmend, sinnlich, anspruchsvoll, kostbar, reiches Bouquet, floral-aldehydisch, leicht ledrig; bulgarische Rose, Sandelholz, Ylang-Ylang	–
Bauhaus-orange	modern, neu, innovativ, kreativ, individualistisch, unkonventionell, ausgefallen, trendbewusst, stylish, flippig, lässig, jung, verspielt, mutig, multifunktional, Trapez, (Fünf-)Stern	neu, modern, experimentell, unkompliziert, auffällig, elastisch; moderne Werkstoffe, Plastik, Gummi, High-Tech-Stoffe, Jersey, beschichteter Grobstrick, metalldurchwirkte Stoffe	fruchtig, spritzig, jung, belebend, verspielt-sinnlich, warm; Orange, Mango, Mandarine, Litschi, Nektarine, gelber Pfirsich, Ananas	5

Farbe	Form	Material	Duftnote	Zahl
Apricot	elegant, chic, individuell, trendbewusst, unkompliziert, leger, zwanglos, pur, weich, fein	sanft, weich, anschmiegsam, flauschig, wärmend, leicht, feinfädig, halbtransparent; dünner Kaschmir- und Merinostrick, Angora, gewaschenes Leinen, geschmirgelte/gewaschene Seide, Seidenjersey, dünner Nicki, Chiffon, helles, leichtes Holz, Glas, Rattan, Watte, Federn, filigranes Gold	mild-fruchtig bis weich-blumig, verspielt, einhüllend, wärmend, sanft, lieblich, leicht; Neroli, Iris, Aprikose, Akazienblüte, weißer Pfirsich, milde Mandarine, Melone, Kokos, Vanille, Mandel, Karamell	–
Terrakotta	traditionell, rustikal, unprätentiös, praktisch, innovativ, organisch	natürlich, naturbelassen, robust, schwer, strapazierfähig, behaglich, warm; grobe Wolle, Bauernleinen, Filz, Walk, Cord, geöltes Holz, Kork, Sisal, Terrakotta, Ton, gebrannter Stein, Natursteinfliesen, Keramik, Bronze, Kupfer	warm, schwer, reich, leicht erdig, würzig, fruchtige Akkorde; Blutorange, Gewürznelke, Zimt	–

Farbe	Form	Material	Duftnote	Zahl
Sonnengelb	auffällig, expressiv, aggressiv, scharfkantig, spitz, hoch, schlank, schmal, konturlos, groß, schnörkellos, maskulin, A-Linie, Dreieck, Pyramide, Zickzack	glatt, glänzend, lichtreflektierend, leicht, unnachgiebig; Lackstoffe, beschichtete Stoffe, Seide, Atlas, Lack, Glas, Acryl, Metall	energetisierend, belebend, sonnig, heiter, strahlend, klar, frisch, sauer; Verbene, Bergamotte, Citronell, Zitrone	3
Vanille	zart, fein, klar, weich, dezent, elegant, schnörkellos, schlank, schmal, hoch, konturlos	zart, leicht, luftig, halbtransparent, dünn, feinfädig, schlicht, schimmernd; Voile, Seide, leichtes, hell lasiertes Holz, helle Veloursstoffe, gebürstetes Metall	leicht, fein, dezent, elegant, sanft belebend; Zitronenblüte, Birne	–
Goldgelb	ornamental, barock, royal, prächtig, gediegen, nobel, historisch, ausladend, breite Basis, maskulin	edel, opulent, festlich, prächtig, luxuriös, kostbar, matt glänzend, Lüster, bestickt, komplexe Webart, historisch, warm, schwer, solide; Merino, fein gesponnene Wolle, (bestickte) Seide, Seidenbrokat, Jacquard, Damast, Edelhölzer, weiches Leder, Marmor, Gold	heiter, strahlend, reich, warm, nobel; orientalische Hölzer, Honig-Rose, Safran, Anis	–

Farbe	Form	Material	Duftnote	Zahl
Blattgrün	harmonisch, ausgewogen, symmetrisch, regelmäßig, proportioniert, klassisch, zeitlos, unbeweglich, sphärisches Dreieck, Rechteck	einfach, anspruchslos, ebenmäßig, matt, natürlich, starr; Mischgewebe, Baumwolle, Popeline, Leinen, Seide, Holz	»grün«, blumig, krautig, ausgewogen, beruhigend; Basilikum, Gras, Rose, Geranium, Palmarosa	4
Jade	dezent, schlicht, harmonisch, regelmäßig, schnörkellos, fernöstlich, Zenstil	leicht, dünn, feinfädig, halbtransparent, ebenmäßig, matt, schlicht; dünn gewebter Popeline, feines Leinen, Musselin, Gaze, Bambus	zart-blumig, klar, ätherisch, dezent, leicht, unaufdringlich; Lotos, Wasserhyazinthe, Baumwollblüte, Gurke, Teeblätter	–
Tanne	traditionell, konservativ, authentisch, etabliert, einfach, schnörkellos, nüchtern, streng, kantig, solide, stabil, robust, massiv, funktional	steif, robust, derb, strapazierfähig, wettergegerbt, wertbeständig; grob gewebte Wolle, steife Baumwolle, Canvas, Gabardine, Bauernleinen, Tweed, Loden, Cord, Tartan, dunkles Holz mit Struktur, Keramik, Steingut, Klinker, Zink, Eisen	schwer, aromatisch, herb, holzig, harzig; Zedernholz, Zypresse, Eichenmoos, Holznoten	–

Farbe	Form	Material	Duftnote	Zahl
Marienblau	schlicht, dezent, schmucklos, klar, tief, weit, fließend, körperfern, weiblich, rund, Kreis	kühl, glatt, fließend, nass glänzend, schlicht, dünn, transparent; Seide, Baumwollsatin, Batist, feinfädiges Leinen	frisch, kühl, klar, rein, dezent, unaufdringlich, wässrig, flüchtig, seifig, beruhigend; Kamille, Klee, Seeluft, Seife	2
Himmelblau	pur, simpel, schlicht, unkompliziert, lässig, Clean Chic, klar, schwerelos	luftig, leicht, schwerelos, dünn, feinfädig, transparent, schlicht, natürlich, kühl; durchscheinendes Leinen, feine Baumwolle, Seidenchiffon, Bambus, Rattan, leichtes, helles Holz, Kristall	klar, rein, clean, frisch, flüchtig, transparent, ätherisch; Minze, Eukalyptus	–
Indigo	klar, strukturiert, reduziert, kontemplativ, asketisch, puristisch, linear, tief, Dodekaeder	schlicht, glatt, fließend, schwer, kühl; Crêpe de Chine, Seiden-Schurwoll-Mix, Cool Wool, Moiré, satinierter, glänzender oder gebürsteter Edelstahl, Chrom, Aluminium, Silber	klar, rein, dezent, beruhigend, herb-frisch; Lorbeer, Teebaum	–

Farbe	Form	Material	Duftnote	Zahl
Amethyst	komplex, extravagant, sakral, vertikal, androgyn, durchbrochen, netzartig, gotisch, Ellipse, Sechsstern	sinnlich, kühl, fließend, glänzend, durchbrochen, netzartig; Cutwork, Ausbrenner, Grobstrick, dünnes Leder, Velours, Satin, Lurex, Samt, aufgeraute Seide, fließende Wollstoffe, Seide-Wolle-Mix	kühl-orientalisch, komplex, facettenreich, mystisch; dunkle Rose, dunkle Lilie, Weihrauch	6
Lavendel	nostalgisch, fragil, anmutig, delikat, filigran, zart, fein, romantisch, feminin, elegant, Jugendstil, Shabby Chic	leicht, zart, duftig, feinfädig, halbtransparent, schimmernd, changierend, durchbrochen, patiniert, verblichen, abgenutzt; (Häkel-)Spitze, Netzware, Lamé, dünn gewebter Satin, Chiffon, helles Wildleder, dünnwandiges Glas, Bone China, Korb, Pergament, Perlen(-Stickerei), Perlmutt, Altsilber	sanft-krautig, blumig-herb, nostalgisch, feminin, leicht, pudrig, beruhigend; Flieder, Lavendel, Veilchen, Salbei	–
Nachtviolett	dramatisch, extravagant, opulent, mondän, viktorianisch, komplex, verschwommen	samtig, matt, üppig, schwer, komplexe Webart, gekörnte Struktur; Dupionseide, Rohseide, Samt, Spitze	mystisch, geheimnisvoll, intensiv, hypnotisch, düster; »schwarze« Rosen, Moschus, Lakritz, dunkle Schokolade, Patchouli	–

Abschlusstest: Sprechen Sie Farbe?

1.

»Der hier wäre ideal für die Diele!« Gut gelaunt hatte ich mit Mark das neu eröffnete Einrichtungshaus durchquert, um nach ein paar Stücken für unsere Wohnung Ausschau zu halten.

Gerade steuerte ich begeistert auf einen sehr vielversprechenden Sessel zu.

»Der Prosecco am Empfang hat scheinbar nicht nur deine Sinne, sondern auch deine Sicht benebelt.«

Monsieur Takt schien offensichtlich nicht begeistert zu sein und hatte seine missbilligende Miene so weit perfektioniert, dass ich das Teil noch einmal kritisch von allen Seiten betrachtete.

»Gut, wenn du den orangefarbenen Sessel nicht magst, brauchen wir eben ein anderes lebhaftes Element für den Eingangsbereich … Da, die Skulptur dort drüben ist perfekt. Und die ist pink!«

Das Pink aus seinem Gesicht verabschiedete sich und wich einem ungesunden Kalkweiß, als er das Objekt der Begierde im Blick hatte. Meine bessere Hälfte wirkte immer schlechter gelaunt. Aber ich umrundete schon interessiert die lebensgroße Nachbildung einer Milchkuh in Shocking Pink.

»Ahh …«, verliebt tätschelte ich der Kuh den Kopf. »Das ist mal außergewöhnlich. Und ich weiß, dass das fantastisch aussehen würde!«

»Da irrst du dich.«

a) Wenn Sie Ihrem Partner, der einen »dunkelblauen« Stil liebt, eine Freude machen wollen, beziehen Sie in die nächste Umgestaltung der gemeinsamen Wohnung ein:
– einen ungewöhnlichen Hingucker, wie eine lebensgroße Keramikkuh in leuchtendem Pink.
– ausschließlich duftige Materialien wie transparente Vorhangstoffe in floralen Mustern oder leichte, verschnörkelte Rattanmöbel.
– eine bewusst klare Raumgestaltung ohne verspielte Details, die eine kontemplative Ruhe ausstrahlt.

b) Würde man beide Farbvorlieben zusammenlegen und tatsächlich als Wandfarben oder bei den Wohntextilien einbringen, hätte man einen in den meisten Fällen nur mäßig stimmigen Mix aus schlichtem Dunkelblau und opulentem Goldgelb. Doch man muss nicht zwangsläufig auf die Farbe an sich zurückgreifen. Man kann ihre Qualität zum Beispiel auch über die Formensprache oder die Materialien, die der Farbe entsprechen, in die Raumgestaltung integrieren.

Wie könnte eine »dunkelblau-goldgelbe« Einrichtung aussehen, die ohne die Farben selbst auskommt?

2.

Es geht um die Vermarktung eines edlen Rotweins mit einem vollen Aroma: opulent und schwer, aber elegant und unterlegt von perfekt eingebundener, reifer Frucht. Sie sollen eine Farbauswahl für das Etikett treffen. Wählen Sie drei Farbtöne aus, die das Bouquet des Weines umschreiben:

- Himmelblau
- Orange
- Burgunder
- Blutrot
- Goldgelb
- Purpur

3.

Alfred Hitchcock setzte bei der Wahl der Kostüme für seine Hauptdarstellerinnen auf die Wirkung der Farben. Er wollte damit die Erzählstränge optisch unterstützen und die Charaktere beziehungsweise deren Entwicklung veranschaulichen. So kleidete er Grace Kelly im Film *Bei Anruf Mord* anfangs noch in helle und lebhafte Farben. Doch mit zunehmender Düsternis und Ausweglosigkeit der Handlung wurden auch die Kleider zusehends dunkler und trostloser.

Stellen Sie sich vor, Sie sollen eine Kleiderfarbe auswählen, die die hervorstechende Eigenart verschiedener Charaktere in Farbe ausdrückt. Auf welche Farbe greifen Sie jeweils zurück für

- die mädchenhafte Unschuld?
- einen absolut ausgeglichenen Menschen, den nichts aus der Ruhe bringen kann und der fast schon ein bisschen träge wirkt?
- die flippige Kreative?

4.

Welche Begriffe passen nicht in die Reihe?
Lavendel ist/entspricht:
delikat - empfindsam - nostalgischen Stilen - auffälligen Holzplastiken - leichten Stoffen - kubischen Möbelformen

5.

Fast jeder hat schon einmal von einem »grünen Duft« gehört. Es ist ein sehr frisches, neutrales Parfüm, das an gerade gemähtes Gras oder einen Hauch frischer Luft erinnert - ein Stück Natur in Duftform. Gräser oder Wasserlilien, häufige Bestandteile dieser Parfüms, sind beispielsweise »grün«. Doch genauso kann man auch jedem anderen Duft eine Farbnuance zuordnen. So sind Ylang-Ylang und bulgarische Rose tiefrot, und bei leuchtendem Orange erwartet man eine wahre Fruchtexplosion. Ein strahlendes Sonnengelb spiegelt sich dagegen in ebensolchen Düften wider, die man in Verbene, Bergamotte oder Zitrone findet.

Sie haben fünf farbige Verpackungen, für die Sie nach dem Motto »Rosen sind rot, Veilchen sind blau« Duftprofile von Parfüms erstellen sollen, die damit harmonieren.

Welche Duftprofile passen zu:

- Burgunder?
- Orange?
- Apricot?
- Himmelblau?
- Nachtviolett?

6.

Jedem Farbton kann man bestimmte Stilmerkmale zuordnen. Ordnen Sie die Farben Blattgrün, Blutrot, Burgunder und Himmelblau den ihnen entsprechenden Beispielen zu:
- offene, luftige Raumgestaltungen
- kultivierte Eleganz
- ausbalanciert und harmonisch
- kompromisslose Linienführung und kompakte Formen

7.

Jede Farbe trägt eine inhärente Botschaft in sich, die auf ein Produkt übergehen und von der es profitieren kann. Farbe wirkt dabei unmittelbarer als Worte, prägt sich besser ein, erschließt sich jedem sofort und beeinflusst subtil. Entspricht eine Farbe allerdings nicht der Aussage des Produkts, wirkt sie ausgesprochen kontraproduktiv. Sie torpediert dann die Werbebotschaft, und diese kommt nur verzerrt beim Kunden an. Wo Farbe und Produkt jedoch synchronisiert wurden, verstärkt die richtige Farbe die Produktaussage.

In welcher Farbe würde die Verpackung eines neuen Babypuders, der damit wirbt, nicht reizend, sondern besonders sanft zu sein, am besten gestaltet?
- harmonische Erdtöne wie Terrakotta
- Apricot und Hellgrün
- Pink, Zitronengelb und Chartreuse

Und die Form der Verpackung?
- eine praktische Verpackung in vertrautem Design, an dem lediglich ein Detail erneuert wurde.

– eine auffällige Packung in dynamischem Design und Leuchtfarben, womöglich mit gezacktem Schriftzug.
– eine weiche Formensprache bei leichten, soften Materialien.

8.

Stellen Sie sich die folgenden Szenen vor, und ordnen Sie ihnen die passenden Farben (Orange, Dunkelblau und Lavendel) zu:
a) ausgelassen tanzende junge Menschen in flippigen Outfits.
b) melancholisches Mägdelein in nostalgischem Gewand vor einer Jugendstilkommmode, das ein zartes Blümchen in der Hand hält.
c) ruhig dasitzender Mann in schlichter Mao-Jacke, der sich in einem minimalistisch eingerichteten Raum mit klarer Linienführung aufhält und sich auf ein kontemplatives Bild an der Wand konzentriert.

9.

»Wie gefällt Ihnen dieses kirschrote Kleid?«

»Nicht gut.«

Die nette Verkäuferin hatte mittlerweile Mühe, ihre Mundwinkel oben zu halten, nachdem ich schon mindestens sieben rote Röcke, Mantel-, Wickel-, Etuikleider und ich weiß nicht was als zu auffällig, da einfach zu rot, abgelehnt hatte. Aber es half nichts.

»Ein rotes Cape?«

Ihrem Strahlen nach zu urteilen fand sie die Idee schlicht brillant.

»Nein, wirklich nicht.«

»Rotes Top?«

»Danke, nein.«

»Roter Schal?«

Es hatte keinen Sinn. »Ich denke darüber nach.«

»Wenn du nicht auffallen willst, frage ich mich, was du auf einer Bühne willst. Da du für den Vortrag aber schon einmal dort stehen wirst, solltest du auch gleich richtig präsent wirken«, fiel mir meine eigentlich gute Freundin in den Rücken und hielt mir ein neues Kleid unter die Nase. Es war leuchtend rot.

Hätte ich statt der eigenwilligen Singstimme das Selbstbewusstsein meines Vaters geerbt, wäre das Teil vielleicht in die engere Wahl gekommen. Da ich aber schon einen unnatürlich lebhaften Pulsschlag habe, wenn ich nur an Bühnen denke, entschied ich mich dafür, das Ganze subtiler anzugehen. Ich versteckte das feuerwehrrote Kleid, das nicht zu mir, sondern nur zum aktuellen Kontostand gepasst hätte, unauffällig in der hintersten Ladenecke.

Was tun, wenn ein leuchtendes Signalrot nun einmal die Farbe ist, mit der man sofort präsent und selbstbewusst wirkt, Sie sie aber ungern an sich sehen?

10.

Rot ist als Raumfarbe problematisch und nicht für jedes Zimmer geeignet. So werden sich Besucher in einer Diele in einem kräftigen, dynamischen Rot willkommen fühlen und auch nicht unnötig lange dort herumstehen. Aber in Wohnräumen ist ein Rot eher dazu geeignet, ein paar schöne Akzente zu setzen. Denn in Räumen, in denen man sich häufig und lange aufhält, wirkt aktives Rot zu anregend. Und da die wenigsten Wohnzimmer wie Ballsäle haben, sollte Rot ohnehin nur sparsam als Wand- oder Oberflächenfarbe eingesetzt werden, da es Räume optisch verkleinert.

Welche Möglichkeiten bieten sich, um die Qualität von Rot in einen Raum einzubringen, ohne die Farbe selbst an die Wand zu pinseln, beziehungsweise um einen roten Farbakzent in seiner Wirkung noch zu unterstreichen?

11.

Es klopfte leise an der Tür, und ich drehte mich um, erfreut, Caroline, die neue Sekretärin meines Chefs, kennenzulernen. Ich stellte sie mir als liebenswerte Dame Ende fünfzig vor und jetzt sicherlich bewaffnet mit Kaffee und Keksen für uns.

Herein kam eine Frau, der »Femme fatale« praktisch auf die Stirn tätowiert stand.

Good old Caroline war auch alles andere als alt, hätte wahrscheinlich selbst unter Folter nicht sagen können, wo die nächste Bäckerei ist, und hielt sich bei ihrer Kleiderwahl ganz offensichtlich nicht an den ungeschriebenen Dresscode aller Sekretärinnen von Männern mit Anhang. Keine Spur vom guten alten __________ (1) Tweedrock, von Hornbrille und Dutt, stattdessen stöckelte sie in einem perfekt sitzenden, geradlinigen __________ (2) Bleistiftrock und einer dezenten __________ (3) Bluse aus fließender Seide, deren Dekolleté zufolge ihr sehr warm sein musste, an mir vorbei. Mit dermaßen wiegenden Hüften, dass man bei längerem Hinsehen seekrank wurde. Komplettiert wurde das Outfit durch einen kräftigen Schuss sexy _________ (4) in der koketten Nadelstreifenkorsage über der Bluse.

Es war nun nicht so, dass ich im hochgeschlossenen Biederkleid aufgetaucht wäre, mir à la Witwe Bolte einen Wollschal ums Haupt geschlungen und, um die Sache rund zu machen, noch die _________ (5) soliden Treter aus dem Gesundheitskatalog an die Füße geschnallt hätte. Aber gegen Carolines Vamp-Outfit sah ich aus wie die Wiederauflage des Keuschheitsgelübdes.

Setzen Sie die Farbtöne ein, die in ihrer Qualität den Kleidungsstücken entsprechen.

12.

Besonders die satten, sinnlichen Purpur- und Beerentöne sowie die femininen Lavendelnuancen haben Violett den Weg in die Inneneinrichtung geebnet. Früher galt Violett als die letzte Farbe, die man sich in seiner Wohnung vorstellen konnte. Doch in letzter Zeit hat Violett in all seinen Nuancen nicht nur in der Mode seinen Siegeszug angetreten, sondern auch in der Inneneinrichtung besinnt man sich auf die faszinierende Palette der Violetttöne.

Lavendel, Maulbeere, Aubergine, Brombeer, schwarze Johannisbeere, Veilchen, Pflaume, Flieder, Erika, Amethyst, Orchidee, Purpur, Malve … Die besten Ergebnisse erzielt man auch hier wieder, wenn eine bestimmte Farbe von dem Stil unterstützt wird, der ihr entspricht. Stil und Farbe verstärken sich so gegenseitig und bilden eine harmonische Einheit.

Welcher Stil oder welche Einrichtungsgegenstände entsprechen der Qualität von
- Lavendel?
- Nachtviolett?

13.

Man muss sich nicht notwendigerweise in die Farbe selbst hüllen und wie der leibhaftige Sonnenuntergang durch die Lande wandeln, wenn man beispielsweise die Wirkung von Orange für sich nutzen möchte. Ich selbst habe schon eher fragwürdige Auftritte gerade in leuchtend orangefarbenen Kleidern hingelegt, mit denen ich selbst bei dichtem Nebel Schiffe an Küsten hätte locken können. Aber fürs Büro war es nicht die beste Wahl.

Heute weiß ich: Die Qualität einer Farbe kann auf viele Arten in einem Outfit umgesetzt werden.

Ein Ensemble, das zum Beispiel ein zartes Rosa umschreibt, muss aber kein kitschiges Prinzessinnenkleidchen aus rosa Glitzerstöffchen sein, zu dem man sich noch einen Kranz aus zarten Blüten auf den Kopf setzt, um sich dann möglichst elfengleich fortzubewegen.

Wie könnte ein zeitgemäßer »rosa« Kleidungsstil aussehen?

14.

Ein Besuch in der Wohnung des Mannes ihrer Wahl hatte sie eines gelehrt: Der Mann war nicht einfach nur ordentlich. Der hatte die Ordnung erfunden, eingeführt und legte sicherlich Wert darauf, sie durchzusetzen. Er würde sich wahrscheinlich sogar freuen, wenn man ihm ein Banner an die Tür hängen würde: »Heilige Ordnung, segensreiche Himmelstochter, hier tritt ruhig ein!«

Bei seinem ersten Besuch hatte sie unattraktive hektische rote Flecken im Gesicht, weil sie ihren Schreibtisch verzweifelt nach einem bestimmten Text abgesucht und sich dabei so sehr die Haare gerauft hatte, dass sie aussah wie ein Vogel in der Mauser – während er daneben stand. Nach etwa zehn Minuten schlug er ihr ruhig ein Ablagesystem mit eindeutiger Beschriftung vor statt der Schnitzeljagd im Arbeitszimmer, bei der der grüne Kulli den Weg zur grünen Mappe weist.

Bevor sie noch mehr Minuspunkte sammeln konnte, rannte sie in ihr Bad und unterzog alles einer Grobrasterung. In zwei Minuten schaffte sie es, die Handtücher dort hinzuhängen, wo man sie normalerweise vermutet, und ihre Kosmetikartikel zuerst thematisch und dann noch einmal der Größe nach zu sortieren (die Faschingsschminke ließ sie komplett verschwinden). Sie hatte gerade die Schranktür der Badezimmerkommode so zugekriegt, dass sie nicht wie üblich traurig an nur einer Angel hing, da stand der Chef aller Ablagebeschrifter auch schon in der Tür.

Welche Farben entsprechen diesen beiden Persönlichkeitstypen am ehesten? (Hier ist nicht nur eine Antwort denkbar.)

15.

Die bislang ausgefeilteste Erklärung, die ich gehört habe, warum Männer zielgerichtet loslaufen und mit genau der einen Jeans oder dem einen Paar Schuhe zurückkommen, das sie sich vorher schon ausgesucht hatten, begründet das mit dem Verhalten in der Steinzeit. Damals musste der Mann noch fokussiert an die ganze Sache rangehen: Da wurde morgens der Knöchelchenvorhang vorm Höhleneingang entschieden zur Seite gezerrt, dass die Knorpelteilchen nur so schepperten. Dann spähte der Mann genau einmal ins weite Rund, traf gekonnt seine Wahl für eines der Mammuts und stürzte sich im selben Moment auch schon panthergleich ins Unterholz, um eben jenem armen Tier den Garaus zu machen.

Die Frauen der Sippe dagegen, ja, die schlenderten – nachdem sie stundenlang mühsam den völlig zerfledderten Knochenvorhang wieder geordnet hatten – mit ihren Körbchen entspannt von einem Strauch zum nächsten. Pflückten hier mal ein Beerchen, dort eins. Dann gingen sie wieder zurück, um die Beeren am ersten Strauch noch mal zu begutachten und mit den anderen zu vergleichen, und packten am Ende doch alle ein.

Genauso verhalten sich angeblich Frauen heute noch beim Einkaufen.

Wie könnte man beide Verhaltensweisen (sehr vereinfacht) in Farbe ausdrücken?

16.

Stellen Sie sich ein Bild vor, das jedem Gothic-Fan ein Lächeln auf die schwarz bemalten Lippen zaubern würde: melancholisch gestimmte Heldin, die sich auf einer windumtosten Klippe herumtreibt, dass das viktorianische Nachthemd nur so flattert. Wenn ich ________ vor mir sehe, denke ich auch oft an eine eher entrückte Bekannte, die sich als Wandlerin zwischen den Welten, als legitime Nachfolgerin der altkeltischen Druiden sieht und gern mal mit ernstem Blick das Wetter von morgen aus der Katzenminze auf dem Balkon liest. Dem okkulten, mystischen Charakter der Farbe entsprechend beantwortet sie selbst einfache Fragen nach der Zeit fürs Abendessen schon mal mit einem kryptischen: »Wenn die ersten Vorboten der Nacht mit ihren klammen, dunklen Fingern das Feuer des Himmels berühren.« (Für Normalsterbliche: gegen halb acht.) Überzeugt davon, genug Zeit mit weltlichem Geschwätz vergeudet zu haben, entschwand sie damit auch schon wieder Richtung Garten – ohne Zweifel, um das kalte Händchen bei der Arbeit zu beobachten.

Auf welche Farbe passt die Beschreibung?

17.

Pink und Magenta werden häufig auf eine Stufe gestellt und manchmal sogar einer Farbfamilie zugeordnet. Doch die Herkunft der Farbtöne ist sehr unterschiedlich, auch sind beide in ihrer Wirkung nicht miteinander zu vergleichen. Pink ist als intensiver Rosaton eindeutig die Tochter von Rot. Magenta, ein helles Rotviolett, trägt dagegen die Gene von Rot und Blau in sich.

Was kann man daraus für die Beschreibung der beiden Farbtöne ableiten?

Schlusswort

Sind nicht Farben wie Töne und Töne wie Farben und Farben wie Musik. Ich liebe die Musik der Farben.

Emil Nolde

Eine blinde junge Frau sagte einst zu Beethoven, sie gäbe alles dafür, einmal das Mondlicht sehen zu können. Er konnte es sie zwar nicht sehen lassen – aber hören. Beethoven vertonte den Mondschein in einer seiner bekanntesten Kompositionen, der *Mondscheinsonate,* in der die Musik den silbernen Schein des Mondlichtes imitiert. Umgekehrt beschrieb Thomas Mann den fast ätherischen, körperlosen Klang im Vorspiel zu Wagners *Lohengrin* als »eine blau-silberne Schönheit«.

Schon Isaac Newton sah eine Entsprechung zwischen Farben und Tönen, weshalb er das Spektrum des sichtbaren Lichtes, obwohl die Farben nahtlos ineinander übergehen und so unzählige Nuancen unterschieden werden können, nur in die bekannten sieben Farben aufteilte – analog zu den sieben Tönen der dorischen Tonleiter. Bekannt sind auch Wassily Kandinskys Texte, in denen er Farben mit Tönen gleichsetzte und die »ruhigen, gedämpften, mitteltiefen Töne der Geige« mit Grün verglich, das ebenso ausgleichend wirke, während Rot den Eindruck von »starken Trommelschlägen« vermitteln könne.

Die Parallelismen zwischen Farben und Klängen sind wohl die am häufigsten beschriebenen. Die Kandinsky-Schönberg-Korrespondenz ist hier ein schönes Beispiel für den Austausch über die Verbindungslinien zwischen Malerei und Musik, zwischen Farbe und Klang. Nicht umsonst spricht man von der Klang*farbe* bei den Tönen von Instrumenten oder von den *Farb*tönen eines Gemäldes. Musik und Farben können, wenn sie in ihrem Gehalt übereinstimmen, ähnliche bis identische Gefühle hervorrufen. Der zeitgenössische Maler Gotthard Graubner lässt sich daher beim Malen seiner *Farbraumkörper* von Musik leiten. So begleitete ihn bei der Arbeit an *Nänie* in Schwarz-Violett das von Brahms vertonte schwermütige, dunkle Schicksalslied aus Friedrich Hölderlins Roman *Hyperion.* Damit vereinen sich mit Hölderlins Sprachklang und der Musik von Brahms zwei Ausdrucksformen derselben Energie, um eine dritte, das Gemälde, hervorzubringen.

Der Komponist Olivier Messiaen bezeichnete Klänge als hörbar gemachte Farben. In Orchestern ist es durchaus üblich, von den Musikern zu fordern, ein Stück zum Beispiel etwas weniger *grün,* sondern *blauer* zu spielen. Und Alexander Skrjabin nutzte Farben als begleitendes Element der Musik in seinem Stück *Prometheus,* bei dessen Uraufführung er 1914 in New York eine Farborgel einsetzte. Für *Mysterium* plante er sogar, neben den Farben auch Düfte einzusetzen, die beide die Botschaft der Musik noch unterstreichen sollten.

All diese Beispiele sollen eines zeigen: Jede Energie hat ihren Inhalt und ihre Botschaft. Ihr individuelles eigenes Wesen. Und dieses Wesen kann sich auf viele Arten ausdrücken: in bestimmten Klängen, Farben, Formen, Düften, Geschmäcken und vielem mehr. Goethe hat es in seiner Farbenlehre ähnlich formuliert: »Ich habe nichts dagegen, wenn man die Farbe(n) sogar zu fühlen glaubt; (...) auch zu schmecken sind sie. Blau wird alkalisch, Gelbrot sauer schmecken. *Alle Manifestationen der Wesenheiten sind verwandt.*«

Eine Energie hat demnach immer mehrere Kanäle, durch die sie sich zeigen kann und durch die sie sinnlich erfassbar wird. Dabei bleibt die ursprüngliche Energie stets dieselbe und ruft in all ihren Ausdrucksformen auch immer ein ähnliches Gefühl hervor. Mit den Parallelismen ist es wie mit einem Satz, der in verschiedene Sprachen übersetzt wird. Doch egal, ob man »der Tisch ist eckig« nun auf Italienisch, Griechisch, Swahili, in Musiknoten oder eben in Farben ausdrückt, die Bedeutung bleibt immer gleich. Auf eine einfache Formel gebracht könnte man sagen: Farbe = Form = Material = Duft = Klang = Zahl.

So findet sich die komprimierte Kraft von Rot in kraftvollen, kompromisslosen Linienführungen genauso wieder wie in massiven, unverrückbaren Möbelstücken. Ebenso »rot« sind dicht gewebte, griffige Stoffe und sinnliche, intensive Düfte. Alle haben den gleichen Inhalt, die gleiche Wirkung, denn: **Alle Manifestationen der Wesenheiten sind verwandt.**

Anhang

Lösungen Abschlusstest

1.

a) Bei der lebensgroßen Keramikkuh (jedweder Färbung) dürfte einen Mann, der einen dunkelblauen Stil liebt, sicherlich der Schlag treffen. Dunkelblau entsprechen strenge Linien und keinerlei Spielerei. Es ist eine zurückgenommene, klare Formensprache, die dem Zenstil nahekommt und eine kontemplative Atmosphäre schafft. Wenig begeistert wäre er daher auch von im Wind flatternden Blumenstöffchen und verschnörkelten Möbelstücken.

b) Eine Möglichkeit, beide Stile, seinen minimalistisch-kühlen (Dunkelblau) und ihren opulenten (Goldgelb), harmonisch zu verbinden, wäre beispielsweise eine reduzierte Edelstahlküche, an deren Tresen jedoch barock geformte Hocker stehen. Auch eine geradlinige, sehr schlichte Couch, über der ein überdimensioniertes altes Gemälde hängt, bringt beide Farben zusammen. Dann besteht ihr einziges Problem nur noch darin, sich beim Aufspringen nicht die Knie am puristischen Sofatisch anzustoßen, wenn er wieder versucht, die prunkvoll verzierten Weingläser so vom Tisch fallen zu lassen, dass es wie ein Unfall aussieht …

2.

Leuchten auf dem Etikett eines Rotweins mächtiges Purpur, reiches

Goldgelb oder ein eleganter Burgunderton, suggerieren schon die Farben den reichen Geschmack eines mächtigen, edlen Weines. Eine dazu passende luxuriöse (Purpur), historische (Goldgelb) oder elegante (Burgunder) Aufmachung weckt zusätzlich Assoziationen an weitläufige Weingüter, eingebettet in alte Weinberge, und spricht kultivierte Genießer an.

3.

– Die mädchenhafte Unschuld: Passend ist hier zartes Rosa, vor allem in all seinen zuckrigen und hellen Nuancen.
– Der Ausgeglichene: Hier passt in sich ruhendes Mittelgrün, das seine Balance hält und absolut ruhig bis fast phlegmatisch wirkt.
– Die flippige Künstlerin: Lebendiges Orange, das generell für ausgefallene, aber auch neue Stile steht, ist hier passend; daneben unterstützt es kreative Ideen und deren Umsetzung.

4.

Massige, schwere sowie kubische Möbel entsprechen einem klaren Rot, das in der Inneneinrichtung auch mit dominanten Einzelstücken Akzente setzt und eine kraftvolle Formensprache spricht.

5.

– Burgunder: elegante, reiche und damenhafte Düfte.
– Orange: ausgeprägt fruchtige Aromen und Parfüms mit verspielter Sinnlichkeit.
– Apricot: leichte, aber weiche, warme Düfte mit Vanille oder Neroli aus den Blüten des Orangenbaumes.
– Himmelblau: kristallklare, frische und schwerelose Noten wie Eukalyptus oder Minze, die den Kopf freimachen.
– Nachtviolett: hypnotische, düstere Duftnoten, die eine Aura von Mystik und Geheimnis verströmen.

6.

– Blattgrün: ausbalanciert und harmonisch.
– Blutrot: kompromisslose Linienführung und kompakte Formen.
– Bordeaux: kultivierte Eleganz.
– Himmelblau: offene, luftige Raumgestaltungen.

7.

Bei unserem Beispiel drücken die Farben von sanft-weichem Apricot und lindem Hellgrün am besten das Schonende sowie Milde des Produktes aus und unterstreichen so die Werbebotschaft. Die weiche Formensprache und die leichten, soften Materialien unterstreichen diese Aussage noch einmal.

Chemische Reinigungsmittel dagegen würden auf freche, stechende Farben wie Shocking Pink, Zitronengelb und Chartreuse setzen, damit man ihnen eine gewisse Aggressivität zutraut, die auch nach einer knalligen Verpackung verlangt und nach ebenfalls aggressiven, womöglich gezackten Schrifttypen.

Die praktische Verpackungslösung mit dem neuen Detail, die ansonsten auf das Vertraute setzt, entspricht der Qualität eines Terrakotta, das sich ebenso real und nur mäßig innovativ gibt.

8.

a) Orange
b) Lavendel
c) Dunkelblau

9.

Wählen Sie einfach die Formensprache oder den grundlegenden Stil, der einem dynamischen Blutrot entspricht: beispielsweise klassische Hosenanzüge, die jedoch figurbetont geschnitten sind und kombiniert werden mit hohen schlichten Pumps sowie auffälligem Schmuck. Damit kann sowohl die kompromisslose, maskuline Präsenz von Rot als auch sein sinnlicher Aspekt ausgedrückt werden. Ein effektvolles, schlichtes Kostüm in dezenten Erdtönen, zum Beispiel mit engem Rock und übergroßem Kragen, entspricht ebenfalls dem Charakter von klarem Rot – besonders wenn zum Beispiel ein dichter Wollstoff die schwere, manifeste Qualität der Farbe noch einmal aufgreift und eine überdimensionierte Kette das Ensemble vervollständigt.

10.

Einem Blutrot entsprechen zum Beispiel niedrige, quadratische Tische, die zudem aus schweren, harten Materialien bestehen sollten. Die Formen sind kompakt und geradlinig mit einer kompromisslosen Linienführung. Auch überdimensionierte Einzelstücke, die sehr präsent wirken und den Blick auf sich ziehen, bringen eine rote Qualität in den Raum. Dieselbe Wirkung erzielt man mit griffigen, dicken und dicht gewebten Textilien, sinnlichen und »animalischen« Materialien wie Fellen und Leder oder unnachgiebigen wie Stein, Eisen und massivem Hartholz.

11.
(1) tannengrünen
(2) blutroten
(3) marineblauen
(4) Schiaparellipink
(5) tannengrünen

12.
Das Codewort bei Lavendel ist »Charme der Vergangenheit« – träumerisch und nostalgisch. Zu anmutigem Lavendel passen feminine Formen und zerbrechlich wirkende Möbel wie verschnörkelte Bettgestelle oder in Pastelltönen lackierte Möbel im Jugendstil. Passende Einrichtungsgegenstände wären zarte Glasaccessoires, Spitzenborten, Morris-Tapeten in zarten Farben, Streublümchendrucke, eine Sammlung nostalgischer Glasflakons, in Pastellfarben gehaltene leichte Korbsessel oder patinierte Kommoden im Vintage-Look.

Da sicherlich die wenigsten in einem gotischen Gemäuer hausen möchten, bei dem, quasi als Bonus, auch der Keller noch etwas hergibt, was zu später Stunde mit seinen Knochen klappert, kann man ein mystisches Dunkelviolett auch in wohnlicheren Stilen umsetzen. Ein Nachtviolett findet sich zum Beispiel in einem »dunklen Boudoirstil« für ein Schlafzimmer, das Sinnlichkeit mit Düsternis paart. Akteure wären dunkle Wände, eine schummrige, indirekte Beleuchtung und Kerzen. Einzelne auffällige Objekte wie dunkle Samtsessel tragen dem Rotanteil der Farbe Rechnung.

Räume, die die Qualität von dunklem Violett ausstrahlen, wirken daneben ebenso komplex wie die Farbe selbst – ausgedrückt durch eine Fülle an weiteren Einrichtungs- und Dekorationsgegenständen, um die Dichte und den Facettenreichtum von dunklem Violett abzubilden. – Schon durch die gedrängte, düstere Atmosphäre bildet Nachtviolett den Gegenentwurf zur ätherischen Leichtigkeit von Lavendel.

13.

Einem zarten Rosa entspricht ein gefälliger, lieblicher Stil mit kindlichen, romantischen Kleidern und zierlichen Elementen wie Volants oder Schleifen. Besser als Kleider passen allerdings Hosen, da Rosa nichts anderes ist als ein junges (maskulines) Rot. Die Kombinationen sollten dabei nicht sinnlich wirken, denn die feurige Intensität von Rot ist in unschuldigem Rosa kaum noch zu spüren. Der zarten Qualität der Farbe entsprechen leichte, halbtransparente Stoffe wie Tüll oder Crêpe in zarten Blütendrucken oder Pudertönen, die jedoch – als letzte Erinnerung an handfestes Rot – zwar dünn, aber stets griffig sind.

14.

Er wäre beispielsweise der klassische Vertreter von funktionalem, strengem Dunkelgrün, das eine klare Struktur braucht, an der es sich orientieren kann. Er muss in einem ordentlichen Umfeld leben, um sich sicher zu fühlen. Auch ein dunkles, strukturiertes Blau wäre in Anteilen denkbar, es würde allerdings weniger nüchtern reagieren, sondern sich eher zurückziehen.

Sie entspräche größtenteils einem lebendigen Orange, das sich in einem eklektischen Mix wohlfühlt, der seine Kreativität anspricht und dafür die gängigen Standards schon einmal über Bord wirft. Für formales Dunkelgrün legt es allerdings eine zu lockere, verspielte Einstellung an den Tag mit einem sehr ungezwungenen, nicht unbedingt ordentlichen Stil.

15.

Eine Farbe reicht selbstverständlich nicht aus, um die beiden Verhaltensweisen zu beschreiben, aber sie können in Farbreihen ausgedrückt werden:

Unser Mammuterleger ist beispielsweise fokussiert, kompromisslos, bestimmt und schnell, was unter anderem Blutrot, dunklem Blau und leuchtendem Gelb entspricht. Die Frauen der Sippe gehen das Ganze spielerisch, bedächtig und langsam an, was Orange bis Apricot, Grün sowie Goldgelb, das auch die Üppigkeit der Ausbeute beisteuert, entspricht.

16.

Der Text umschreibt – überspitzt – einen Aspekt von mystischem Violett. Seine an sich tatsächlich »über-sinnliche« Qualität – entstanden aus körperlichem Rot, das von spirituellem Blau durchdrungen wurde – wird ab und an leicht abgehoben umgesetzt. Insbesondere mit den blaustichigen Nuancen scheinen manche gerne mal die (rote) Bodenhaftung zu verlieren und wirken dann unter Umständen, als seien sie kein Fall für die Couch, sondern gleich für eine ganze Sofalandschaft. Die okkulte Seite von Violett kann sich aber auch in einer tatsächlich medialen oder visionären Veranlagung zeigen – in einem Wandeln zwischen den Welten –, die jedoch leicht in Introvertiertheit und auch übertriebenen Altruismus umschlagen kann.

17.

Durch ihren Rotanteil ist beiden Farbtönen, Pink und Magenta, eine unglaubliche Präsenz geschenkt worden. Eindimensionales Pink konzentriert sich jedoch rein auf seine Wirkung im Außen. Es gibt sich vergnügt, frivol und auch ein bisschen dreist. Zwar ist es ein aufgehelltes, kühles Rot, aber ein Pink liegt noch nah am Rot. In ihm schwingt noch die Kraft von reinem Rot mit. Yves Saint Laurent hat daher zu Elsa Schiaparellis Lieblingsfarbe, einem knalligen Pink, gesagt, es habe »die Courage von Rot«.

Ein Magenta dagegen kümmert sich nicht nur um seine Wirkung auf sein Umfeld, sondern schlägt souverän die Brücke zwischen Innen und Außen. Durch die Kombination von Rot und Violett hält Magenta die Balance zwischen der kraftvollen, nach außen gerichteten Präsenz von Rot und dem intuitiven Wissen von Violett, das im Geheimen wirkt. Aus diesem Grund kennzeichnet es Menschen, denen eine subtile, aber unleugbare Kraft eigen ist und die sowohl im Vorder- als auch im Hintergrund agieren können.

Magenta ist ebenfalls ein auffälliger, aber im Gegensatz zu Pink facettenreicherer Farbton mit Tiefgang. Er beinhaltet zwar noch die Stärke und Kraft von Rot, wurde jedoch komplett um seine Wucht und Stofflichkeit reduziert. Beschreiben könnte man Magenta wohl am ehesten mit »vergeistigte Kraft«, da die Farbe eine Stärke ausstrahlt, die in eine gänzlich andere Richtung gelenkt ist als die schiere physische Kraft von Rot. Dennoch ist Magenta eine mächtige, fast mystische Farbe – viel distanzierter als reines Rot und trotzdem noch nicht in den ungreifbaren Tiefen von Violett versunken.

Komplementäre Farbpaare

Oftmals fällt es leichter, etwas zu bestimmen, wenn man sich sein Gegenstück betrachtet, und auch bei der Deutung einer Farbe ist es hilfreich, sich ihre Komplementärfarbe anzusehen. Die folgende Übersicht fasst daher einige wesentliche Aspekte der Vollfarben zusammen und stellt sie jeweils denen ihres Komplementärs gegenüber.[30]

Rot : Grün
aktiv : passiv
Wille : Trägheit
Tatkraft : Empfänglichkeit
Dominanz : Toleranz
Leidenschaft : Gleichgültigkeit
laut : still
ruhend : gelassen
gespannt : ausgewogen
stark : schwach
unbeugsam : nachgiebig
brennend : neutral
begehrlich : satt
erregend : beruhigend
dynamisch : beschaulich
trocken : feucht

Orange : Blau
aktiv : passiv
extrovertiert : introvertiert
nah : fern
warm : kalt

Strahlen : Sogwirkung
Weltoffenheit : Vertiefung
Lebenslust : Reflexion
fröhlich : ernst
lichtvoll : schattig
schnell : langsam
anregend : beruhigend
hemmungslos : verhalten
stolzes Selbstbewusstsein : demütiger Glaube

Gelb : Violett
aktiv : passiv
extrovertiert : introvertiert
sonnig : schattig
heiter : melancholisch
munter : müde
gelöst : gespannt
frei : gebremst
Wissen : Glaube
Bewusstes : Unbewusstes
Aufmerksamkeit : Fantasie
offen : verschlossen
lichtvolles Wesen : gefühlsbetonte Frömmigkeit

Glossar

Akanthus: Distelart aus dem Mittelmeerraum mit gezackten Blättern, die in der Kunst von der griechischen Antike bis zum Rokoko stilisiert häufig Verwendung fand als Pflanzenornament.

Arkadien: mythische, bukolische Region in Griechenland, die besonders im Rokoko glorifiziert wurde. Man stellte sich vor, dass in diesem perfekten Idyll ein Leben in individueller Freiheit, jenseits aller gesellschaftlichen Zwänge, möglich sei. Synonym für Eskapismus.

Arts-and-Crafts-Bewegung: engl. »Kunst- und Handwerksbewegung«. Reformbewegung englischer Künstler, Kunsthandwerker und Architekten, die in der zweiten Hälfte des 19. Jahrhunderts gegründet wurde. Sie wendete sich auf der Suche nach einem authentischen Stil gegen die »seelenlose« industrielle Warenproduktion und legte den Fokus auf das Handwerk nach dem Vorbild der Gilden des Mittelalters. Bekannt sind vor allem die komplexen ornamentalen Muster für Tapeten, Stoffe und Teppiche, die von mittelalterlichen Bildteppichen und Ähnlichem geprägt waren. Bekannte Vertreter der Arts-and-Crafts-Bewegung waren William Morris, John Ruskin und Charles Mackintosh. Die Bewegung beeinflusste den Jugendstil und, aufgrund ihrer Maxime »Einfachheit und ernsthafter Umgang mit dem Material«, später auch das Bauhaus.

Atlas: kostbarer, auf der Außenseite hochglänzender Seidenstoff mit Stand.

Aubusson: sehr dünne, gewirkte Bildteppiche, die ursprünglich aus der gleichnamigen Stadt stammten. Typisch für die – Gemälde gleichen – Aubusson-Teppiche sind sanfte Pastellnuancen, Blumenmotive, Landschaftsdarstellungen und figürliche Darstellungen von Jagd- und Schäferszenen.

Basilika: insbesondere in der Romanik typische Kirchenform, angelehnt an das Vorbild altrömischer Gerichts- und Markthallen mit ihrem durchfensterten, hohen, breiten Mittelschiff und den beiden niedrigeren, schmalen Seitenschiffen; anderen Formen mit fünf Schiffen reihen sich jeweils zwei niedrigere Seitenschiffe an.

Batist: leichter, feinfädiger Baumwollstoff.

Bauhaus: 1919 in Weimar von dem Architekten Walter Gropius ins Leben gerufene staatliche »Hochschule für Bau und Gestaltung«, die 1925 nach Dessau, 1932 nach Berlin verlegt und 1933 schließlich von den Nationalsozialisten geschlossen wurde. Der Bauhaus-Grundsatz lautete: *Die Form folgt aus der Funktion*, woraus ein sachlicher, klarer und auf Funktionalität ausgerichteter Stil entstand, der heute noch mit Moderne gleichgesetzt wird. Daneben verfolgte das Bauhaus die Synthese aller Künste. Berühmte Mitglieder des Bauhauses waren neben Walter Gropius unter anderen Josef Albers, Wassily Kandinsky, Johannes Itten, László Moholy-Nagy und Ludwig Mies van der Rohe.

Belle Epoque: frz. »schöne Epoche/Zeit«. Damit bezeichnet man die Zeitspanne von etwa 1885 bis zum Ersten Weltkrieg, in die auch der Jugendstil fiel.

Boudoir: ursprünglich ein kleiner, elegant eingerichteter Raum, in den sich die Frau des Hauses zurückziehen konnte. Für Männer damals tabu, ist dem Boudoir die geheimnisvolle, mysteriöse Aura geblieben. Heute bezeichnet ein Boudoir ein (meist opulent bis dekadent eingerichtetes) Ankleidezimmer.

Brokat: schwerer, fester Stoff, meist aus Seide und Leinen, der in opulenten, plastischen Musterungen gewebt und von Gold- und Silberfäden durchzogen ist.

Charmeuse: weicher, fein gewebter Trikotstoff.

Chiffon: hauchzarter, transparenter Stoff, ursprünglich aus feiner Seide.

Chinoiserie: besonders im 18. Jahrhundert beliebter französischer Dekorationsstil, der sich das idealisierte China zum Vorbild nahm. Mit dem Import chinesischer Kunstgegenstände und dank Reisebeschreibungen entstand sowohl in der Malerei als auch in der Architektur und Innenausstattung eine Vorliebe für Darstellungen von exotischen Vögeln, Flusslandschaften oder Pagoden.

Chippendale: nach dem englischen Möbelbauer Thomas Chippendale (1718–1779) benannter Stil, der vor allem in England populär war, wo die barocken Möbelformen wenig Gefallen fanden. Typisch für den einfacher und nüchterner gehaltenen Chippendale-Stil sind in S-Form geschwungene Stuhlbeine.

Crêpe de Chine: leichtes Seidengewebe mit feiner Körnung und weichem Fall.

Damast: meist einfarbiger, großzügig gemusterter Webstoff aus hochwertigen, glänzenden Garnen, bei dem die eingewebte Musterung erst durch Lichteinfall sichtbar wird.

Dienst: vor allem in der Gotik häufig verwendete Viertel-, Halb- oder Dreiviertelsäule, die Wänden oder Pfeilern vorgelegt wurde, um den senkrechten Druck der Gewölberippen aufzunehmen.

Dodekaeder: einer der fünf platonischen Körper, bestehend aus zwölf Flächen, die in der Regel aus zwölf regelmäßigen Fünfecken bestehen.

Dorisch: eine der drei klassischen griechischen Säulenordnungen neben der ionischen und korinthischen. Die schlichten dorischen Säulen ohne Basis haben einen kannelierten, geriefelten Schaft (Mittelstück), der sich nach oben verjüngt. Sie unterscheiden sich vor allem im Kapitell (Kopfstück einer Säule) von den übrigen Typen: Das Kapitell einer dorischen Säule ist einfach, wulstig und schließt mit einer quadratischen Deckplatte ab, während die ionischen Kapitelle meist mit Voluten (*siehe dort*) und die korinthischen mit üppigen Dekorationen aus Akanthusblättern (*siehe dort*) verziert waren, aus denen die Voluten hervorgingen.

Dupion- oder Shantungseide: schimmernde Seide mit unregelmäßiger, geflammter Struktur und leichtem Stand.

Empire: frz. »Kaiserreich«. In der Mode versteht man unter *Empirestil* im Allgemeinen die sich an der Antike orientierenden Kleider mit hohen Taillen und gerade fallendem Rock, die auch als Hemdkleider bekannt sind – fließende, einfache Gewänder in freiem Faltenwurf aus leichtem Musselin, die ohne Korsetts, Reifröcke oder Perücken getragen wurden; in diesem Sinn wird der Empirestil hier verstanden. Streng genommen ist Empire allerdings die Mode des *Directoire,* der Zeitspanne zwischen Französischer Revolution und dem Kaiserreich Napoleons. Sie behielt zwar die hohen Taillen bei, präsentierte sich ansonsten aber deutlich pompöser und aufwendiger mit schweren, steifen, häufig bestickten Stoffen und einer kräftigen Farbpalette statt der ehemals schlichten, pastelligen Musselins oder Gazestoffe.

Eyck, Jan van (1390–1441): einer der bekanntesten Vertreter der altniederländischen Malerei und Hofmaler Philipps des Guten von Burgund. Jan van Eyck erweiterte die symbolische mittelalterliche Kunst mit ihren Wandmalereien und Tafelbildern um Bilder in einem naturalistischen, detailreichen Stil mit individualisierten Figuren. Er entwickelte zudem eine fortgeschrittene Technik der Ölmalerei, die weichere Übergänge erlaubte und die Farben intensiver leuchten ließ. Zu seinen bekanntesten Werken zählen das Gemälde »Die Arnolfini-Hochzeit« und der Genter Flügelaltar.

Farbfamilie: Farben, die auf demselben Buntton basieren, der zudem in jeder Mischung dominierend bleibt. Der grundlegende Buntton bestimmt auch den Namen der Farbfamilie, zum Beispiel zählen sämtliche Gelbtöne zu Gelb.

Farbkreis: System zur Ordnung der Farben. Newtons Farbkreis war einer der ersten, doch vor ihm hatte schon Leonardo da Vinci versucht, ein objektiv begründbares Ordnungssystem für Farben zu schaffen. Goethe, der zu den größten Kritikern von Newtons Farbkreis gehörte, da er nicht davon ausging, dass Farben nur einen objektivierbaren, physikalischen Wert haben, hat in seinem Modell den Farben psychologische Eigenschaften zugeordnet; danach war Gelb für ihn beispielsweise Kraft und Wärme, Blau hingegen Schwäche und Kälte. Goethe betrachtete Gelb und Blau zudem als die beiden Ausgangsfarben, wobei sich Gelb aus einem verdunkelten Weiß (Licht) ergibt, während Blau ein aufgehelltes Schwarz (Dunkelheit) ist[31]; durch ein Verdichten oder Verdunkeln können sie alle übrigen Farben hervorbringen. Weitere wichtige Farbsysteme stammen zum einen von Runge, der den Farbkreis dreidimensional darstellte als Farbkugel mit einem weißen Nord- und einem schwarzen Südpol; die reinen Farben bildeten dabei den »Äquator«. Zum anderen etablierte Ostwald einen auf Messwerten basierenden 24-teiligen Farbkreis, und Itten entwarf den heute gebräuchlichen Kreis mit zwölf Farben. Am Anfang stehen hier die drei Grundfarben, auch Primärfarben (*siehe dort*) genannt, Rot, Gelb und Blau, aus denen sich durch Mischung die Sekundärfarben (*siehe dort*) Orange, Violett sowie Grün ergeben. Durch weitere Mischungen aus jeweils einer Primär- und einer Sekundärfarbe erhält man die dritte Stufe, die Tertiärfarben (*siehe dort*) Rotorange, Gelborange, Gelbgrün, Blaugrün, Blauviolett und Rotviolett.

Farbspektrum: Farb-/Lichtband, das entsteht, wenn Licht durch ein Prisma gelenkt wird. Es zeigt entsprechend den verschiedenen Wellenlängen des weißen Lichts die Spektralfarben Violett, Indigo, Blau, Grün, Gelb, Orange und Rot.

Fragonard, Jean-Honoré (1732–1806): französischer Maler, Zeichner und Radierer, der neben Boucher, dessen Schüler er war, und Watteau zu den drei Meistern des Rokoko zählt. Fragonard war Mitglied der Königlichen Akademie, wandte sich allerdings von der Historienmalerei ab und bediente fortan private Kunden mit Szenen der Lust und Verliebtheit wie bei dem Gemälde »Die Schaukel« oder dem für die Comtesse du Barry, der Mätresse Louis XV., gemalten Bild »Der gekrönte Liebhaber«. Fragonard starb verarmt, da er später den veränderten Geschmack nicht mehr bedienen konnte.

Gabardine: robuster, dicht gewebter Stoff mit diagonalen Rippen.

Garçonne: In der Zeit nach dem Ersten Weltkrieg bezeichnete man mit dem Begriff Frauen, die sich wie Knaben kleideten.

Gaze oder Mull: halbdurchsichtiges, weiches Baumwollgewebe aus feinen Garnen und mit netzartiger Struktur.

Gotik: Stilrichtung, die auf die Romanik folgte. Die Bezeichnung Gotik stammt ursprünglich von einem Schimpfwort ab, das der Kunsttheoretiker Giorgio Vasari für den gotischen Stil gebrauchte, den er, vor allem im Vergleich mit der klassischen Antike, als minderwertig betrachtete: *gotico* bedeutet fremdartig oder auch barbarisch. Die Gotik entstand um 1140 in Frankreich, wurde in England, Deutschland, Spanien sowie Italien aufgenommen und hielt bis etwa 1500 an. Kennzeichnend war eine neue Frömmigkeit, die sich insbesondere im Kirchenbau mit seinem Kathedralen und den gen Himmel strebenden Formen (zum Beispiel in den typischen Spitzbogenfenstern) beziehungsweise der Steigerung aller senkrechten Linien zeigte. Durch Kreuzrippengewölbe und Strebewerk (Strebepfeiler und -bögen, die den Gewölbeschub, die Dachlast sowie den Winddruck ableiten) wurden die Wände von ihrer tragenden Funktion befreit. Dadurch war eine Auflösung der Außenmauern möglich, was Platz schuf für große Fenster, die die Bauten mit Licht durchfluteten und sie so dem angestrebten Ideal einer »Kathedrale aus Licht« näherbrachten. Das größte und wohl schönste gotische Bauwerk in Deutschland ist der Kölner Dom.

Historismus: Stilrichtung vor allem im 19. Jahrhundert (um 1750 bis 1900) zwischen Klassizismus und Jugendstil, die auf Stile und Künstler vergangener Epochen zurückgriff und diese imitierte. Daraus ergab sich ein teilweise eklektischer Stilmix, der vor allem dem Repräsentationsbedürfnis des in der Gründerzeit erstarkten Bürgertums diente.

Ikebana: japanische Blumensteckkunst.

Itten, Johannes (1888–1967): Schweizer Maler, Farbtheoretiker und Kunstpädagoge, der ab 1919 am Bauhaus unterrichtete und dessen frühe Phase entscheidend mit gestaltete. Sein theoretischer und teils auch von fernöstlicher Philosophie geprägter Unterrichtsstil – Ittens Ziel war es, »den Menschen in seiner Ganzheit als schöpferisches Wesen aufzubauen« – vertrug sich später allerdings nicht mehr mit der neuen, kommerzielleren Ausrichtung des Bauhauses. Itten verließ daher 1923 das Bauhaus und gründete zwei eigene Kunstschulen. Später leitete er unter anderem die heutige Zürcher Kunsthochschule. Johannes Itten stellte eine Kontrast- und Farbenlehre auf, zu der auch der heute gebräuchliche zwölfteilige Farbkreis gehört.

Jabot: Krause aus Stoff oder Spitze, die am Kragen angesetzt ist und bis auf die Brust fällt.

Jacquard: Bezeichnung für Stoffe mit eingewebten Mustern.

Jodhpurhose: ursprünglich eine aus Indien stammende Reiterhose. Daran angelehnt meint Jodhpur heute in der Mode eine Hose – oft mit tiefem Schritt –, die an den Oberschenkeln weit und ab dem Knie eng geschnitten ist.

Jugendstil: um 1900 entstandene Bewegung von Künstlern, Kunsthandwerkern und Architekten, die eine neue, eigene Formensprache anstrebten, um sich vom damals populären Historismus abzusetzen, was auch im Begriff *art nouveau,* einer weiteren Bezeichnung für den Jugendstil, deutlich wird. Der Name Jugendstil leitet sich von der Kulturzeitschrift *Jugend* ab, die die Bewegung bekannt machte. Neben der Abkehr von der strengen Symmetrie kennzeichnen den Jugendstil vor allem sich an der Pflanzenwelt orientierende, geschwungene Ornamente.

Kandinsky, Wassily (1866–1944): Maler und Kunsttheoretiker russischer Herkunft, der als ein Begründer der abstrakten Malerei gilt.

Zunächst war er vom Impressionismus und der russischen Ikonenmalerei beeinflusst, später lag sein Fokus jedoch rein auf Farben und Formen sowie deren Zusammenklang. Kandinsky war ein Mitbegründer der Künstlergruppe »Der Blaue Reiter« und Lehrer am Bauhaus, wo er unter anderem Gestaltungslehre unterrichtete. Sein bekanntestes theoretisches Werk ist das Buch *Über das Geistige in der Kunst.*

Klee, Paul (1879–1940): Schweizer Maler und Grafiker, der sich 1912 der Künstlergruppe »Der Blaue Reiter« anschloss. Klee lehrte ab 1921 am Bauhaus, wo er zu den einflussreichsten Lehrern zählte, und später – bis zur Machtergreifung der Nationalsozialisten – an der Kunstakademie in Düsseldorf. Als »entarteter Künstler« diffamiert kehrte er in die Schweiz zurück. Typisch für Klees Bilder, deren Stil sich zwischen einem abstrahierenden Bildaufbau, dem Konstruktivismus, dem Surrealismus und einer sehr eigenen, fast kindlich-spielerischen Malweise bewegt, sind unter anderem eine symbolische Farbsprache, geometrische Formen und religiöse Elemente, wie etwa Engelgestalten.

Komplementärfarben: Farbpaare, die sich auf dem Farbkreis gegenüberliegen. Im Farbkreis steht jeweils eine Grundfarbe der Mischung aus den beiden übrigen gegenüber: Gelb und Violett (Mischung aus Rot und Blau), Blau und Orange (Mischung aus Rot und Gelb) sowie Rot und Grün (Mischung aus Gelb und Blau); der Kontrast zwischen Gelb und Violett ist am stärksten, da hier der extremste Hell-Dunkel-Kontrast vorliegt. Komplementärfarben steigern sich gegenseitig, wenn sie direkt nebeneinanderstehen. In der Malerei nutzte vorwiegend der Expressionismus diesen Effekt, den Komplementärkontrast. Mischt man zwei Komplementärfarben miteinander, »löschen« sie sich gegenseitig aus zu Schwarz. Auch in der Wahrnehmung durch den Betrachter stehen die Komplementärfarben diametral zueinander. So wirkt Rot beispielsweise trocken, während sein Komplementär Grün feucht erscheint. Rot ist erregend und stark, Grün beruhigend und eher schwach.

Lamé: schimmernde Stoffart, bei der feine Metallfäden von Mohair, Viskose oder Ähnlichem umsponnen werden.

Leuchtkraft: die Intensität eines Farbmusters, seine Lebendigkeit und Reinheit. Die Leuchtkraft der Farben weist große Unterschiede auf, so leuchten Rot und Gelb wesentlich stärker als beispielsweise Blau. Die Leuchtkraft in absteigender Reihenfolge: Gelb, Orange, Rot/Grün, Blau, Violett.

Liaigre, Christian: französischer Inneneinrichter und Designer, der einen sehr reduzierten Stil prägte, den am besten Begriffe wie Einfachheit und Understatement umschreiben. Ein weiteres Kennzeichen ist die meist neutrale Farbpalette in Naturtönen, akzentuiert durch dunkles Holz oder Leder an wenigen, dafür hochwertigen Stücken.

Lurex: Bändchengarn mit metallischem Glanz, für das Polyestergarn mit Aluminium bedampft wird.

Mao-Jacke: schlichte Jacke mit Stehkragen, die durch Mao Zedong populär wurde und so im Westen zu ihrem Namen kam.

Marc, Franz (1880–1916): deutscher Maler und Grafiker, der vor allem dem Expressionismus zugeordnet wird und die Künstlergruppe »Der Blaue Reiter« mit begründete. Charakteristisch für Franz Marcs späte Bilder sind unter anderem expressive Primärfarben, denen er eine eigene Symbolik zuschrieb, die sich auf seine Motive übertrug. Meist malte er Tiere, die für ihn unverfälschte Reinheit verkörperten. Zu seinen bekanntesten Gemälden zählen »Blaues Pferd« und »Der Tiger«.

Mauve: frz. »Malve«. Farbton zwischen Rosa und blassem Violett.

Mondrian, Piet (1872–1944): niederländischer Maler. Piet Mondrian zählt zu den Begründern der abstrakten Malerei und war Mitglied der Künstlergruppe »De Stijl«. Er selbst bezeichnete seinen Stil als Neoplastizismus. Bekannt wurde er durch seine späten geometrischen Bilder, die außer Weiß und Schwarz und ihren grauen

Mischtönen auf die drei klaren, unabgestuften Primärfarben Rot, Gelb und Blau reduziert waren und nur senkrechte und waagerechte Linien duldeten – eine nach Albert Schug »bis zur letzten Konsequenz entwickelte abstrakte Kunst«.

Musselin: leichter, locker gewebter Stoff, meist aus Baumwolle oder Viskose; feinfädig, glatt, fließend und mit weichem Griff.

Neroli: ätherisches Öl aus den Blüten des Pomeranzen- oder Orangenbaums.

Nuance: Schattierung, Abstufung.

Parallelismus: wörtl. »Nebeneinanderstellung«. Hier meint der Begriff die Zuordnung einzelner Farben zu entsprechenden Klängen, Formen und Ähnlichem, die in ihrer Botschaft, ihrem Inhalt übereinstimmen, zum Beispiel gelbes Dreieck.

Patinierung: von ital. *patina* – »dünne Schicht«. Natürlich entstandene oder künstlich geschaffene Altersspuren auf Oberflächen.

Pfeiler: eine Stütze in der Architektur mit meist quadratischem oder rechteckigem Querschnitt.

Popeline: dichtes Baumwollgewebe in regelmäßiger Bindung, das aus einem feinen, dicht eingestellten Faden und einem dickeren, locker eingestellten gewebt wird.

Primärfarbe: auch Grundfarbe oder Farbe erster Ordnung. Aus den drei Primärfarben (Rot, Gelb, Blau) lassen sich alle übrigen mischen, innerhalb eines Farbschemas lassen sich die Primärfarben selbst jedoch nicht durch Mischen erreichen.

Prozac: ein Antidepressivum.

Reingrau oder *Neutralgrau:* alle sogenannten tatsächlich unbunten, neutralen Grautöne, die keinerlei Farbstich aufweisen. Gegenbeispiele wären ein warmes Eselsgrau, das ins Beigebraune tendiert, oder Paynesgrau, das einen Stich ins Bläuliche aufweist.

Romanik: Stilrichtung um etwa 1000 bis 1200, die in der Baukunst vor allem die Basilika wiederbelebt hat als Kirchenbau. Typische Merkmale romanischer Bauten sind der Rundbogen und das Tonnengewölbe, geometrische Bauelemente sowie eine wehrhafte und massive Bauweise.

Schiaparelli, Elsa (1890–1973): aus Rom stammende Modedesignerin. Auf dem Höhepunkt ihres Erfolgs in den 1930er Jahren zählte sie zusammen mit Christian Dior und Jacques Fath zu den einflussreichsten Modeschöpfern in Paris. Sie entwarf originelle Kleider, die sich unter anderem an die surrealistische Kunst Dalís anlehnten, und kokette Parfüms in provokanten Flakons. Zusammen mit einem ihrer Künstlerfreunde kreierte sie einen knalligen Rosaton, der sich durch ihre exaltierten Kreationen zog und als *shocking pink* oder Schiaparellipink bekannt wurde.

Sekundärfarbe: auch Farbe zweiter Ordnung. Die Farben, die aus der Mischung zweier Primärfarben entstehen.

Semantik: auch »Bedeutungslehre«. Lehre vom Inhalt eines Zeichens. Genauer beschäftigt sich die Semantik mit dem Sinn und der Bedeutung eines Zeichens.

Shabby Chic: Einrichtungsstil, der auf Stücke vom Flohmarkt oder Ähnliches zurückgreift. Charakteristisch und gewollt sind angestoßene Ecken, ausgeblichene Bezugsstoffe, teilweise abgeblätterter Lack und so weiter, da dies den Stücken ihren eigenen Reiz geben, ihre Geschichte erzählen soll.

Spenzer: ursprünglich kurze, eng anliegende Herrenjacke, die etwa bis zur Taille reicht; benannt nach Earl Spencer (1758–1834). Um die Wende vom 18. zum 19. Jahrhundert und heute wieder populär als knappe Damenjacke.

Synästhesie: von griech. *syn* – »zusammen« und *aísthesis* – »Wahrnehmung«, also etwa »mitempfinden« oder »zugleich wahrnehmen«. Gleichzeitiges Wirken eines Reizes auf mehrere Sinnesorgane. Die

Verschmelzung zweier oder mehrerer eigentlich getrennter Wahrnehmungsbereiche, zum Beispiel Form und Farbe (rundes Blau); das Farbenhören ist ebenfalls ein bekannter Bereich der Synästhesie.

Tartan: Wollstoff mit Karomuster. In Schottland, woher der Stoff ursprünglich stammt, hat jeder Clan sein eigenes Muster mit festgelegten Farben.

Tertiärfarbe: auch Farbe dritter Ordnung. Mischt man eine Primär- mit einer Sekundärfarbe oder zwei Sekundärfarben untereinander, entstehen die Farben dritter Ordnung, zum Beispiel Türkis aus der Primärfarbe Blau und der Sekundärfarbe Grün. Auch sämtliche Brauntöne zählen zu den Tertiärfarben.

Toile-de-Jouy oder *Toile:* rot oder seltener auch blau bedruckter weißer Kattun- beziehungsweise Baumwollstoff mit charakteristischem Design, der im 18. Jahrhundert in der Manufaktur von Christoph P. Oberkampf in Jouy-en-Josas bei Versailles entstand. Das Verfahren erlaubte detailreiche Drucke, typisch sind chinoise oder pastorale Szenen mit zahlreichen Verzierungen, die die Motive miteinander verbinden.

Tournüre: Polster oder Gestell aus Stahldraht, das Ende des 19. Jahrhunderts unter dem Rock getragen wurde, um das Kleid über dem Gesäß aufzubauschen.

Tweed: ursprünglich aus Schottland stammender kräftiger Wollstoff mit unregelmäßigen Noppen und charakteristischen schräg verlaufenden Bindungslinien.

Vierung: Fläche mit meist quadratischem Grundriss, die entsteht, wo sich Lang- und Querhaus in Kirchenbauten kreuzen.

Virilität: von lat. *virilis* – »männlich«. Bezeichnet die männliche Stärke, »Manneskraft« und generell Männlichkeit.

Voile: frz. »Schleier«. Feinfädiger, durchscheinender Stoff mit weichem Fall, der früher tatsächlich als Hutschleier diente.

Volant: frz. »beweglich, fliegend«. Kreisförmig geschnittener Besatz, der meist in Falten gelegt und an Ausschnitte oder Säume, aber auch an Vorhangkanten genäht wird. Im Gegensatz zu gerafften Rüschen fällt er sehr weich und glockig.

Vollfarben: reine Farben des Farbkreises ohne Beimischung von Weiß, Schwarz oder Grau.

Volute: Spiral- oder Schneckenform, meist verwendet zur Verschmelzung horizontaler und vertikaler Bauelemente.

Waterford Crystal: ursprünglich in Waterford, Irland, ansässige Manufaktur, die heute zu den führenden Herstellern von Kristallglas zählt.

Anmerkungen

1. Die friedfertige Wirkung von Rosa belegte der Versuch des amerikanischen Wissenschaftlers Alexander G. Schauss, Direktor des American Institute für Biosocial Research. Er veröffentlichte 1979 seine Erkenntnisse aus einem Forschungsprojekt, bei dem randalierende Häftlinge in Zellen verlegt wurden, die in einem bestimmten Rosaton (»Baker-Miller-Pink«) gestrichen waren. Bereits nach einer Viertelstunde zeigten sie kein aggressives Verhalten mehr, und der Effekt hielt noch bis zu 30 Minuten lang an, nachdem sie aus der Zelle entlassen worden waren. Untermauert wird die besänftigende Wirkung von Rosa auch durch Untersuchungen, die ergaben, dass die Muskelspannung signifikant nachlässt, wenn man eine Testperson auf ein rosafarbenes Blatt Papier blicken lässt.

2. Beim *Manchester Colour Wheel* werden Farben von Wissenschaftlern an der Universität von Manchester dazu verwendet, um Emotionen zu kommunizieren. Patienten, die Probleme haben, sich präzise auszudrücken oder ihre Gefühle in Worte zu kleiden, wählen dabei eine Farbe aus, die ihrem Gefühlszustand entspricht. Damit werden bewusst Farben statt Worte als Hilfsmittel benutzt, um objektivierbare Aussagen zu erhalten.

Die Probanden sollten angeben, welche Farbe ihre Stimmung am besten wiedergab, wobei sie aus einer Palette mit insgesamt 38 Farben (die sechs Primär- und Sekundärfarben mit Pink, Braun, die alle in je vier Nuancen vorkamen; hinzu kamen Schwarz, Weiß und vier verschiedene Grautöne) wählten. Die Bewertung des emotionalen Gehalts der Farben durch die Probanden wechselte dabei auch nach einer Vergleichsreihe einige Wochen später nicht. Die Forscher konnten zudem in einer Studie bekräftigen, dass Farben tatsächlich von den meisten Menschen gleich wahrgenommen werden. So wurde zum Beispiel Gelb als fröhlich und sonnig, Blau als nachdenklich und Braun als handfest und erdverbunden eingestuft. (Quelle: farbimpulse.de, aufgerufen im März 2010)

3. Kandinsky ging der Frage nach, ob wir allein aufgrund unserer Assoziationen zu einzelnen Farben diesen bestimmte Charaktereigenschaften zuschreiben. Rot könnten wir so eine warme, aufregende Qualität zuteilen, da es uns an eine Flamme erinnert. Oder Gelb könnten wir einen sauren Geschmack unterstellen, da bei seinem Anblick häufig das Bild einer Zitrone in unserem Kopf auftaucht. Die Erklärung über Assoziationen schließt Kandinsky jedoch aus, er sieht den Charakter einer Farbe vielmehr als fix an.

4. Gotthard Graubner in einem Gespräch 1975, zitiert aus Hajo Düchting: *Farbrausch.* Belser 2009, S. 24.

5. In der Charakterisierung der grundlegenden Farben stimme ich jedoch nicht mit Franz Marcs *Theorie von Blau, Gelb und Rot* überein. Während sowohl für Kandinsky wie für Marc Rot der Materie entspricht und beide davon ausgehen, dass zwischen Blau und Gelb der größtmögliche Kontrast herrscht, sieht Marc Blau als das männliche Prinzip an, herb und geistig. Gelb dagegen erscheint ihm sanft, heiter und sinnlich – das weibliche Prinzip. Sicherlich, beide Farbtheorien sind subjektiver Natur, doch ist in meinen Augen Kandinskys Ansatz, das zurückweichende, passive Blau als das Weibliche anzusehen, der treffendere, der im Übrigen auch von den meisten heutigen Farbtheoretikern gestützt wird. Auch Johannes Itten empfand reines Blau als Kraft des Geistes, des Immateriellen, als »eine Farbe, die weder Gelbliches noch Rötliches in sich hat. Wie Rot immer aktiv ist, so ist Blau immer passiv, wenn man es vom materiell Räumlichen aus betrachtet. Vom geistig Raumlosen aus wirkt Blau aktiv und Rot passiv. Es kommt auf die ›Blickrichtung‹ an.«

Das, in Ermangelung eines besseren Begriffs, weibliche (Yin, Anima) Prinzip entspricht daher sehr genau der passiven, sich zurückziehenden und in den Hintergrund tretenden Qualität von

Blau, während die extrovertierte, sich verströmende und eher stechende als sanfte Qualität eines leuchtenden Gelb in meinen Augen eher das männliche Prinzip verkörpert.

6. Führt man die Analogie fort, entsprechen die Vollfarben dem *Grundwortschatz*, während sämtliche aufgehellten oder abgedunkelten Nuancen der Farbtöne, wie Hellrot/Rosa und Dunkelblau/Indigo, den *Aufbauwortschatz* bilden. Dieses Buch bildet die Basis, indem die einzelnen Farbtöne »übersetzt« werden. Darüber hinaus muss man allerdings auch in Kombinationen mehrerer Farben denken – quasi in ganzen Sätzen. Denn ich bin der Meinung, dass eine einzelne Farbe nicht ausreicht, um komplexe Begriffe wie »Winter«, »orientalisch« oder »Opulenz« treffend abzubilden. Allein Farbkombinationen, die alle Facetten des Begriffs abdecken, sind dazu in der Lage. Manche Farben werden dabei dominanter sein, andere dienen nur als Akzent.

Einen interessanten Brauch, der Farbkombinationen mit scheinbar wesensfremden Qualitäten in Beziehung setzt, beschreibt Alexander Theroux in seinem Buch *The Secondary Colors:* Die Roben und Schärpen der japanischen Geishas waren farblich auf den jeweiligen Monat abgestimmt. So entsprach dem kühlen, teils harschen Januar beispielsweise ein blasses, kühles Grün über düsterem Tiefviolett.

7. Vgl. http://psychologie.suite101.de/article.cfm/farbpsychologie_und_ihre_anwendung, aufgerufen am 10.05.2010.

8. Teilt man den Farbkreis auf der Achse Rot-Grün, liegen auf der einen Seite die warmen, auf der anderen die kalten Farben. Zu den warmen Farbtönen zählen Gelb, Orange und gelbstichtiges Rot oder Grün. Als kalt werden Violett, Blau und blaustichiges Rot oder Grün empfunden. Rot und Grün können demnach sowohl warm als auch kalt sein, je nachdem ob ihnen warmes Gelb oder kühles Blau beigemischt wird.

Angelehnt an die Einordnung in warme und kalte Farben sind

Begriffspaare wie männlich-weiblich oder aktiv-passiv. Heute ist die klare Linie in der Zuordnung allerdings etwas verzerrt, da Rot zwar nach wie vor als maskulin, Rosa aber als mädchenhaft und feminin gilt. Genauso hat Blau, früher die weibliche (Marien-)Farbe, eine Umdeutung erfahren zur typischen Farbe für Jungen, da früher beispielsweise die Matrosen Blau trugen. Lässt man die kulturellen Deutungen jedoch außen vor, werden die warmen, energetisierenden Farben wie Rotorange als männlich und aktiv gesehen, während kalte, beruhigende Farben wie Blau als weiblich und passiv gelten.

9. Der letzte Punkt zielt selbstverständlich nur auf Fälle wie zum Beispiel ein Produktdesign, das eine bestimmte Botschaft vermitteln soll. Wenn man sich nicht bewusst ist, welchen Inhalt eine Farbe oder Form hat, die man kombiniert, kann man nicht abschätzen, ob die Aussage erhalten bleibt oder verloren geht. Diese Passage sollte aber nicht so verstanden werden, dass auf durchaus reizvolle Stilmixe beispielsweise in der Inneneinrichtung verzichtet werden sollte.

10. Menschen in der Steinzeit und später auch einige germanische Stämme waren sogar davon überzeugt, dass die Farbe Rot vor bösen Einflüssen schütze und generell magische Kräfte habe. Deshalb wurden Waffen oder auch die Krieger selbst mit roter Farbe oder Blut bemalt. Später trug man aus demselben Grund rote Amulette oder Edelsteine.

11. Vgl. http://www.nullgrad.ch/text.html.

12. Bezeichnungen wie »jung« oder »erwachsen« sollen generell keine Hierarchie innerhalb der Farben andeuten, sondern lediglich die Qualität des Farbtons umschreiben.

13. Im 18. Jahrhundert wählte die Geheimgesellschaft der *Orangemen* wohl nicht umsonst gerade Orange, um in Nordirland gegen den Katholizismus und für den neuen, progressiveren Protestantismus zu kämpfen. Auch in neuerer Zeit setzt man auf die Farbe

Orange, um beispielsweise neue Wähler anzuziehen, »ohne die alten zu verschrecken«, wie sich *Die Zeit* über die Farbwahl der CDU äußerte. Diese Farbwirkung lässt sich mit den beiden Kräften erklären, die in Orange wirken: vorwärtsdrängendes Gelb und statisches Rot.

Auch die Anhänger Wiktor Juschtschenkos demonstrierten im Herbst 2004 mit orangefarbenen Fahnen und Bannern gegen die Manipulation der Präsidentenwahl in der Ukraine – mit Erfolg, denn bei der Wahlwiederholung siegte die »orange Revolution«. (Quelle: www. farbimpulse.de, aufgerufen am 29.03.2010)

14. »Die Pyramide ist gelb wie das Dreieck mit seinen Fluchtlinien ins Unendliche«, lehrte Kandinsky am Bauhaus, was sich aus der Weiterentwicklung von Ittens Zuordnung des Dreiecks zu Gelb ergab; die Pyramide ist dessen dreidimensionale Darstellung – wenn es sich um einen Tetraeder handelt, das heißt um eine Pyramide mit einem gleichseitigen Dreieck als Grundfläche. Doch die sogenannte gerade Pyramide mit ihrer quadratischen (roten) Grundfläche und den darauf aufsetzenden (gelben) Dreiecken ist für mich vielmehr orange.

15. Dass Gelb lediglich auffällig ist, während Rot tatsächlich wache Aufmerksamkeit und auch Vorsicht auf den Plan ruft, bestätigt die Umstellung der Warnschilder für Radioaktivität, die nicht mehr nur gelb, sondern auch rot sind. Gelb sticht ins Auge, aber nur Rot suggeriert, dass Gefahr droht. (Quelle: www.farbimpulse.de, aufgerufen am 29.03.2010)

16. Ein zusätzliches grünes Bild würde allerdings nicht schaden – im Gegenteil: Farbe und ihr entsprechende Formen verstärken sich gegenseitig in ihrer Wirkung. Die Aussage einer harmonischen, ruhigen Gestaltung und die eines grünen Bildes beziehungsweise einer grünen Farbfläche würden sich potenzieren.

17. Besonders in tropischen Gebieten unterscheiden die dort lebenden Menschen nicht zwischen Grün und Blau, so zum Bei-

spiel auf Papua-Neuguinea; auch die alten Ägypter sollen nicht zwischen beiden Farben differenziert haben. Für diese Kulturen hat sich der Begriff »blün« etabliert.

18. Yves Kleins Liebe zu Blau soll begonnen haben, als er als Jugendlicher am Strand lag und während eines Tagtraums den Himmel über Nizza signierte – als sein »größtes und schönstes Werk«. Auch seine *Monotone Symphonie – Stille*, bestehend aus einem einzelnen vibrierenden Ton und aus Stille, passt sich nahtlos ein in seine blauen, ebenfalls unendlichen und stillen Monochromien.

Gerade Yves Kleins monochrome Arbeiten bieten durch die Reduktion der Gemälde auf die reine Kraft der Farbe im Übrigen eine ideale Möglichkeit, Farbe zu erleben – sie wird sinnlich erfahrbar und damit jedem zugänglich. Neben den Bildern in dem berühmt gewordenen Yves-Klein-Blau gibt es noch eine ganze Serie weiterer monochromer Arbeiten, vor allem in Pink (beziehungsweise Krapprosa) und Gold, womit Klein seine ganz individuellen drei Primärfarben gefunden zu haben schien, indem er das Blau in seiner Leuchtkraft und Dichte intensivierte, das Rot verjüngte und Gelb zu Gold aufwertete.

19. Microsoft hat verschiedene Farbnuancen für die Werbelinks auf einer seiner Suchseiten testen lassen und will sich nun die Sogwirkung von Blau zunutze machen. Denn wie zu erwarten, klickten die Nutzer einen bestimmten Blauton deutlich häufiger an als andere Farben. Es ist ein intensiv leuchtendes, leicht rotstichiges Blau (Hexadezimal-Code #0044CC), von dessen Verwendung sich Microsoft zusätzliche Einnahmen von 80 bis 90 Millionen verspricht. (Quelle: Spiegel Online, März 2010)

20. Vgl. http://www.farbimpulse.de/artikel/titel/Warum_Maria_Blau_traegt/514.html, aufgerufen am 22.01.2010.

21. Die stark beruhigende Wirkung von Blau konnte sogar wissenschaftlich belegt werden. Leatrice Eiseman führt in ihrem Buch *Pantone's Guide to Communicating with Colors* Studien an, die nach-

weisen konnten, dass beim Blick auf eine blaue Fläche im Gehirn Botenstoffe ausgeschüttet werden, die ähnlich wirken wie Beruhigungsmittel. Zudem wird Blau in der Farbtherapie erfolgreich gegen Nervosität oder Entzündungen eingesetzt.

22. Aus einem Fragebogen für die Werkstatt für Wandmalerei am Bauhaus, 1923. Ein Student des Kurses erläuterte seine Zuordnungen der Farben zu bestimmten Formen. (Aus: John Gage: *Kulturgeschichte der Farben. Von der Antike bis zur Gegenwart.* Seemann 1993, S. 261.)

23. Ich verwende zwar Dunkelblau und Indigo synonym, doch Indigo wurde nur als Bezeichnung für die dunklen Blautöne gewählt, weil der Farbname vielen bekannt ist. Zudem verknüpfen die meisten mit fremdartigem *Indigo* ein Bild, das dem überirdischen, indifferenten Charakter von dunklem Blau viel näher kommt, als es Farbbezeichnungen wie *Navy* oder *Marine* könnten. Trotzdem sollte man wissen, dass der Farbton Indigo tatsächlich nicht dunkelblau, sondern zwischen Blau und Violett angesiedelt ist.

24. Ein blasser Lilaton mit Rosastich, Mauve, war zudem gerade im späten 19. Jahrhundert sehr in Mode. Der Trend, den ursprünglich Kaiserin Eugénie auslöste, war aus Frankreich kurze Zeit später auch nach England herübergeschwappt. Als Queen Victoria dann zur Hochzeit ihrer Tochter in Mauve erschien, galt der Farbton, der überdies als erster künstlich hergestellt und in Masse produziert werden konnte, als *highly fashionable.*

25. Das Hauptaugenmerk bei der Beschreibung der Modestile für die einzelnen Farbtöne liegt weniger darauf, Tipps im Sinne einer Stilberatung zu geben. Die Beispiele sollen vielmehr die Farbportraits komplettieren und ein besseres Gefühl für das Wesen der einzelnen Farbe vermitteln. Daher tauchen in den Beschreibungen auch längst vergangene Stilrichtungen auf wie die »lavendelfarbene« Mode des Jugendstils, da sie die »Farbformen« am besten ausdrücken.

26. Die wenigsten werden gleich die Koffer packen wollen, nur um sich ein Kleid anzusehen, zudem gibt es eine detailreiche Abbildung in dem zweiten Band der *Fashion History* von Taschen. Eine weitere Abbildung des Kleides findet man im Archiv des Kyoto Costume Institutes in der Abteilung 1910: http://www.kci.or.jp/archives/da_popup/index_e.html.

27. Vgl. http://www.farbimpulse.de/Farben-als-Ausdruck-des-Lebens-und-der-Seele.321.0.html.

28. Vgl. http://www.farbenundleben.de/kunst/kuenstlerzitate_schwarz_weiss.htm

29. Vgl. http://www.zoomyboy.com/2009/07/10/schwarz-und-weiss/

30. Für diese Übersicht habe ich mich neben den Punkten aus den Farbportraits zu großen Teilen auf die Zusammenstellung von Andreas Bartsch gestützt, die vollständig auf seiner Website zu finden ist, sowie auf Johannes Ittens Gedanken zu den komplementären Farbpaaren. (Vgl. http://pub.ab-one.de/kunst/theorie/farbe/wirkung.html, aufgerufen am 28.10.2009)

31. So gesehen könnte man Jan Vermeer, für dessen Bilder die Kombination von Gelb und Blau so typisch ist, als Licht-Schatten-Maler bezeichnen, zumal er gerade die Schatten in seinen lichtdurchfluteten Bildern selbst nie in Grautönen malte. Durch die Verwendung des Gelb-Blau-Kontrastes wurde das Spiel von Licht und Schatten noch einmal zusätzlich verstärkt.

Vincent van Gogh schrieb 1888 in einem Brief an Emile Bernard hierzu: »Es stimmt, dass man in den paar Gemälden, die er [Vermeer] gemalt hat, die ganze Farbtonleiter finden kann; doch das Zitronengelb und das blasse Blau und Hellgrau zu vereinen ist bei ihm so kennzeichnend wie bei Velázquez die Harmonisierung von Schwarz, Weiß, Grau und Rosa.« (Vgl. Norbert Schneider: *Vermeer. Sämtliche Gemälde.* Taschen 1996, S. 84)

Literatur

Andreae, Hugo: *Kleine Stil-Geschichte.* Nikol 2006.

Banzhaf, Hajo: *Symbolik und Bedeutung der Zahlen.* Goldmann Arkana 2006.

Bubner, Berthold: *Wiesbaden. Baudenkmale und historische Stätten.* Seyfried 1993.

Bussagli, Marco / Reiche, Mattia: *Baroque & Rococo.* Sterling 2007.

Chiazzari, Suzy: *Colour Scents. Healing with Colour and Aroma.* Daniel 2000.

Cullen, Cheryl / Eiseman, Leatrice / Lewis, Ferdinand et al: *Breaking Designer's Block. 501 Graphic Design Solutions for Type, Color, and Materials.* Rockport Publishers 2004.

Däubler, Theodor: *Im Kampf um die moderne Malerei und andere Schriften.* Luchterhand 1988.

Düchting, Hajo: *Farbrausch. Die Farbe in der Malerei.* Belser 2009.

Eiseman, Leatrice: *Colors for Your Every Mood. Discover Your True Decorating Colors.* Capital 2000.

Engelhard, Günter: »Gotthard Graubner. Er läßt die Farbe atmen.« *art* 2/1987, S. 20 ff.

Finlay, Victoria / Charlotte Breuer und Norbert Möllemann (Übers.): *Das Geheimnis der Farben. Eine Kulturgeschichte.* List 2005.

Fukai, Akiko / Suoh, Tamami / Iwagami, Miki: *Fashion History: Eine Modegeschichte vom 18. bis 20. Jahrhundert.* 2 Bände. Taschen 2006.

Gage, John / Magda Moses und Bram Opstelten (Übers.): *Kulturgeschichte der Farbe. Von der Antike bis zur Gegenwart.* Seemann 1993.

Gage, John / Bram Opstelten (Übers.): *Die Sprache der Farben.* Seemann 2010.

Garfield, Simon: *Mauve: How One Man Invented a Colour That Changed the World.* Faber & Faber 2001.

Gekeler, Hans: *Handbuch der Farbe.* DuMont 2003.

Goethe, Johann Wolfgang von / Ott, Gerhard und Proskauer, Heinrich O. (Hrsg.): *Farbenlehre.* 5 Bände. Freies Geistesleben 2003.

Gutiérrez de la Roza, Olga: *An Eye for Color.* Collins Design 2007.

Hagen, Rose-Marie / Hagen, Rainer: *Malerei des 15. Jahrhunderts.* Taschen 2001.

Hahl-Koch, J. / Roethel, Hans K. (Hrsg.): *Kandinsky. Die gesammelten Schriften.* Band I. Benteli 1980.

Hecker, Max (Hrsg.): *Goethe. Maximen und Reflexionen.* Insel 1976.

Heller, Eva: *Wie Farben wirken. Farbpsychologie. Farbsymbolik. Kreative Farbgestaltung.* Rowohlt 2004.

Hesse Hermann: *Stufen. Ausgewählte Gedichte.* Suhrkamp 1972.

Itten, Johannes: *Kunst der Farbe. Subjektives Erleben und objektives Erkennen als Wege zur Kunst.* Studienausgabe. Englisch Verlag 2010.

Joseph, Jenny: »Warning«. Aus: Philip Larkin (Hrsg.) *The Oxford Book of Twentieth Century English Verse.* Oxford University Press 1972.

Kandinsky, Wassily: *Über das Geistige in der Kunst.* Benteli 2009.

Meißner, Günter (Hrsg.): *Franz Marc. Briefe, Schriften und Aufzeichnungen.* Kiepenheuer 1989.

Schug, Albert: *Die Kunst unseres Jahrhunderts. Künstler – Stile – Tendenzen.* Naumann & Göbel 1999.

Schwarzer, Yvonne (Hg.): *Die Farblehre Goethes. In einer Textauswahl für Künstler.* ars momentum 2009.

Steiner, Rudolf: *Das Wesen der Farben: Drei Vorträge, gehalten in Dornach am 6., 7. und 8. Mai 1921 sowie neun Vorträge als Ergänzungen aus dem Vortragswerk der Jahre 1914 bis 1924.* Rudolf Steiner Verlag 1993.

Theroux, Alexander: *The Primary Colors.* Henry Holt and Company 1994.

Theroux, Alexander: *The Secondary Colors.* Henry Holt and Company 1996.

Theroux, Alexander / Sebastian Wohlfeil (Übers.): *Orange. Anleitungen eine Farbe zu lesen.* Europäische Verlagsanstalt 1999.

Truffaut, François / Frieda Grafe (Übers.): *Mr. Hitchcock, wie haben Sie das gemacht?* Heyne 1995.

Vollmar, Klausbernd: *Farben. Symbolik – Deutung – Wirkung.* Droemer Knaur 2009.

Weitemeier, Hannah: *Yves Klein 1928–1962. International Klein Blue.* Taschen 1999.

Dank

Ich danke …

… meiner Mutter für die vielen hilfreichen Diskussionen, für ihr logisches Denken, für ihre Idee, die Farbsprache in eine Art Wörterbuch zu packen – und für eine Freundschaft, die ich nicht missen möchte.
… meinem Vater, meinem Freund, dafür, dass er mir immer wieder gesagt hat, dass es nichts Stärkeres gibt als einen unerschütterlichen Willen, wenn man etwas erreichen möchte.
… Lili für die aufbauenden, besonderen Nachrichten.
… Andreas für seine Hilfe beim Strukturieren des Buches und die ständige Erinnerung an farbphysikalische Grundsätze, die sich auch dann nicht ändern, wenn es gerade gut in den Text passen würde.
… St. Peter für stete Anwesenheit und Inspiration.
… Lars für ein Korrekturlesen mit Sprachverstand – und das in letzter Minute.
… Sylvia von Gienanth für interessante Diskussionen über Farben.
… meiner besonderen Freundin Christiane Ajello für aufschlussreiche Gespräche über moderne Kunst.
… dem Goldmann Verlag für die Chance, ein heute vielleicht noch etwas exotisches Thema in einem renommierten Verlag veröffentlichen zu können, und dafür, mir Karin Weber als Lektorin zur Seite zu stellen.
… Ami – einfach dafür, dass er bei mir ist und Orange verbreitet.

Register